أســرار البيــان

فى متشابهات القرآن

الجزء الأول (الإبدال الحرفي)

أسرار البيان

فى متشابهات القرآن

الجزء الأول
(الإبدال الحرفي)

دكتور

رضا محمد عبد السلام

إهداء

إلى والديّ – رحمهما الله –

وفاءً بيسير من الدَّين واعترافًا بقليل من الفضل

إلى إخوتي...... احترامًا وتقديرًا

إلى زوجتي...... مودة ورحمة

معكم.... صار إعجابي بالمتشابهات بحثًا

وبكم...... صار أشد الصعب سهلًا

وإليكم.....أُهدي ما كان بالأمس حلمًا

أقدم لكم هذا البحث.... آية حب وعلامة وفاء.

رضا

* * *

تقديم

إن الحمد لله نحمده، ونستعينه ونستغفره، ونعوذ بالله من شرور أنفسنا، وسيئات أعمالنا، من يهدي الله فلا مضل له، ومن يضلل فلا هادي له، وأشهد أن لا إله إلا الله وأشهد أن محمدًا عبده ورسوله وبعد:

فقد نزل القرآن الكريم على الإنسانية فكان الغيث الذي أحيا مواتها وبعث رقادها وعرفها رشدها، وكان الدواء الذي أزال سقامها وأنقذها من شقائها، والضياء الذي هداها طريق الخير وعصمها من طريق الشر، وصدق الله العظيم الذي يقول في شأن هذا الكتاب المجيد {قد جاءكم من الله نور وكتاب مبين، يهدي به الله من أتبع رضوانه سبل السلام ويخرجه من الظلمات إلى النور بإذنه، ويهديهم إلى الصراط المستقيم}[1]

والقرآن الكريم معجزة خالدة لأنها مستمره لا تنقطع، مشرقة لا تغرب وإن غربت الشمس، لامعة لا تأفل وإن أفلت النجوم باقية لا تذهب وإن ذهبت فالكون ليس من سبيل لإنكارها، لأنها مرئية بالبصر ومسموعة بالأذن وملموسة بالعقل، وتلك روافد هذه المعجزة إلى الإحساس المفضي بالتسليم والإذعان المؤدي إلى التصديق بالإيمان، المقنع للعقول والممتع للعواطف.

والقرآن منذ أن نزل إلى يومنا هذا وهو حديث الدنيا في سرها وجهرها وملء الأفواه والأسماع ومادة الأقلام ومسرح للعقول، ومجال للخواطر لا يفرغ منه الناس أبدًا، ولا تنتهي منه حاجاتهم ولا تتقطع ثمراته عن الطالبين.

---

[1] المائده آية (١٥-١٦).

ومنذ أن جاء الإسلام أدرك المسلمون إنه لا عز لهم إلا بتمسكهم بكتاب ربهم، وأيقنوا بصدق رسول الله صلى الله عليه وسلم إذ قال: (تركت فيكم ما إن تمسكتم به لن تضلوا بعدي أبدًا كتاب الله وسنتي)[1]

ولما كان القرآن هو معجزة الإسلام وإعجازه راجع إلى بيانه وأدبه، وبلاغته وفصاحته وأسلوبه ونظمه فإن الحاجة في هذا العصر الذي يتسم بالتنكر لحقائق الإيمان.

والتمرد على سلطان الدين تصبح ماسة إلى ما يساعد على جلاء تلك المعجزة وتقريبها إلى الأفهام. ولقد قلَّ التصنيف عامة وندر المطبوع خاصة في مجال تفسير المتشابه اللفظي ولم يسبق أن درس دراسة تليق بمكانة وتعرف به وتبوئه المكانة التي يستحقها.

ومن هنا كان إختياري لهذا الموضوع (أسرار البيان في متشابهات القرآن).

وسيكون ذلك إذا قدر الله على أجزاء وهذا هو الجزء الأول الإبدال الحرفي وقد قسمته إلى أربعة مباحث:

المبحث الأول: التضمين. تلك الظاهرة التي وجدت نتيجة لمحاولة النحاة إيجاد مواءمة بين الحرف والصيغة الفعلية التي تستلزم وجود ذلك الحرف لتصل إلى مطلوبها، ولكنها ضامت حرفا قد يري بعض النحويين أنها لا تقبل مضامته في الأصل. فتعرض البحث لتعريف المصطلح عند اللغويين

---

(1) أخرجه أبو داود: كتاب المناسك، باب صفة حجة النبي ﷺ ٢/١٨٢ حديث رقم ١٩٠٥ عن جابر.

والبيانيين ونموذج من هذه الظاهرة في القرآن ومدى اتفاق هذه الظاهرة مع أسلوب القرآن.

المبحث الثاني: حروف الجر. وتناولت فيه بعض ما اشتبه نظمه في القرآن الكريم و اختلفت حروف الإيصال فيه وتوقفت أمامه بما يكشف عن دقائق الفروق وما خفي من وجوه البلاغة .

المبحث الثالث: حروف العطف. وتناولت فيه بعض ما اشتبه نظمه واختلف العاطف فيه.

المبحث الرابع: حروف النفي

While every precaution has been taken in the preparation of this book, the publisher assumes no responsibility for errors or omissions, or for damages resulting from the use of the information contained herein.

أسرار البيان فى متشابهات القرآن الجزء الأول)الإبدال الحرفي(

First edition. September 19, 2024.

تمهيد

المتشابه من القرآن ما أشكل تفسيره لمشابهته غيره إما من حيث المعنى وهو المتشابه في مقابل المحكم ويتناول أوصاف الله تعالى (آيات الصفات والأفعال وأوصاف يوم القيامة. ونحو ذلك) ومجاله علم الكلام يقول تعالى: {هو الذي أنزل عليك الكتاب منه آيات محكمات هن أم الكتاب وأخر متشابهات}[1] أو من حيث اللفظ وهو المتشابه اللفظي وهو موضوع البحث وهو أن يتكرر مجيء الآيات في القصة الواحدة من قصص القرآن أو موضوعاته في ألفاظ متشابهة وصور متعددة وفواصل شتى وأساليب متنوعة مع اتحاد المعنى لغرض بلاغي (ويكثر في إيراد القصص والإنباء وحكمته التصرف في الكلام وإيتانه على ضروب ليعلمهم عجزهم عن جميع طريق ذلك مبتدأ به ومكررًا)[2]

(والقصد به إيراد القصة الواحدة في صور شتىٰ وفواصل مختلفة)[3]، وهو علىٰ ذلك غير المتشابه الذي في مقابلة المحكم فهو ضرب من ضروب الإعجاز المعنوي يشتركان في أنهما معًا أحد أنواع تفسير القرآن الكريم.

---

(١) آل عمران: آية (٧).

(٢) بدر الدين الزركشي ـ البرهان في علوم القرآن ١١٢/١.

(٣) السيوطي ـ الإتقان ١١٤/٢.

وهو نوع مستقل بذاته يقصد به الموضوع الواحد لغرض بلاغي لا يدركه إلا أصحاب اللغه الذين خوطبوا بالقرآن، وهم أرباب الفصاحة وجهابذة البلاغة وأساطين البيان.

وهو يختلف أيضًا عما ورد في القرآن الكريم من آيات الوجوه والنظائر مما يجب معرفته بوصفه نوعًا مستقلًا أيضًا، فالألفاظ التي تحتمل أوجهًا في التفسير مما يعبر عنه بألفاظ الأشباه والنظائر، والوجوه ترد بلفظ واحد يتكرر ولكنه في كل موضع له معنى يختلف عما في الموضع الآخر، ومثاله لفظ (الرحمة) تكرر هذا اللفظ في آيات كثيرة ولكن بمعان مختلفة فهي: –

١ – بمعنى الإسلام في قوله تعالى {يختص برحمته من يشاء}[١]

٢ – وبمعنى الإيمان في قوله تعالى {وآتاني رحمة من عنده}[٢]

٣ – وبمعنى الجنة في قوله تعالى: {ففي رحمة الله هم فيها خالدون}[٣]

٤ – وبمعنى المطر في قوله تعالى: {بشرا بين يدي رحمته}[٤]

٥ – وبمعنى الرزق في قوله تعالى: {خزائن رحمة ربي}[٥]

٦ – وبمعنى المغفرة في قوله تعالى: {كتب على نفسه الرحمة}[٦]

---

(١) آل عمران: آية (٧٤).

(٢) هود: آية (٢٨).

(٣) آل عمران: آية (١٠٧).

(٤) الفرقان: (٤٨)، النمل: (٦٣).

(٥) الإسراء: (١٠٠).

(٦) الأنعام: آية (١٢).

وغير ذلك من المعاني الواردة تحت هذا اللفظ[1]، أما تناول موضوع المتشابه فغرضه بيان وتفسير الآيات المكررة في عدة مواضع ولكنها بصور مختلفة مع احتفاظها بالمعنى نفسه في كل المواضع.

وقد عده الزركشي في البرهان النوع الخامس من أنواع علوم القرآن[2]

وأورده السيوطي في تقسيمات الأنواع تحت النوع الثالث والستين[3]

وقد حصر الزركشي هذا النوع من التشابه في ثمانية أقسام:

الأول: أن يكون في موضع على نظم وفي أخر على عكسه وفي القرآن منه كثير ومثاله في سورة البقرة قوله تعالى: {وادخلوا الباب سجدًا وقولوا حطة}[4]

وفي الأعراف {وقولو حطة وأدخلوا الباب سجدًا}[5]

الثاني: مايشتبه بالزيادة والنقصان ومثاله في سورة البقرة قوله تعالى: {ويكون الدين لله}[6]

وفي الأنفال {ويكون الدين كله لله}[7]

---

(١) انظر الاتفاق_للسيوطي ١٤٣/١.

(٢) الزركشي_البرهان ١١٢/١.

(٣) السيوطي_الاتفاق ١١٤/٢ ـ ١١٦.

(٤) البقرة: آية (٥٨).

(٥) الأعراف: آية (١٦١).

(٦) البقرة: (١٩٣).

(٧) الأنفال: آية (٣٩).

الثالث: التقديم والتأخير وهو غير الأول ولكنه قريب منه ومثاله قوله تعالى في سورة البقرة: {واتقوا يومًا لا تجزى نفس شيئًا ولا يقبل منها شفاعة ولا يؤخذ منها عدل ولا هم ينصرون}[1] وقال بعد: (ولا يقبل منها عدل ولا تنفعها شفاعة)[2]

الرابع: بالتعريف والتنكير ومنه في سورة البقرة قوله تعالى: {رب اجعل هذا بلد آمنًا}[3] وفي إبراهيم: {رب اجعل هذا البلد أمانًا}[4]

الخامس: بالجمع والإفراد ومنه في سورة البقرة قوله تعالى: {لن تمسنا النار إلا أيامًا معدودة}[5] وفي آل عمران {معدودات}[6]

السادس: إبدال حرف مكان حرف ومنه في سورة البقرة قوله تعالى: {اسكن أنت وزوجك الجنة وكلا}[7] وفي الأعراف {اسكن أنت وزوجك الجنة فكلا}[8]

---

(١) البقرة: آية (٤٨).

(٢) البقرة: آية (١٢٣).

(٣) البقرة: آية (١٢٦).

(٤) إبراهيم: آية (٣٥).

(٥) البقرة: آية (٨٠).

(٦) آل عمران: آية (٢٤).

(٧) البقرة: آية (٣٥).

(٨) الأعراف: آية (١٩).

السابع: إبدال كلمة بأخرى ومنه في البقرة قوله تعالى {فانفجرت}[1] وفي الأعراف { فانبجست }[2]

الثامن: الإدغام وتركه ومنه في الأنعام {لعلهم يتضرعون}[3] وفي الأعراف {يضرعون}[4]

وهذه الصور ليست حصرًا للمتشابه بل للمتأمل أن يستنبط صورًا أخرى غيرها، ولكن هذه الصور هي أكثر ما اعتلى به مفسرو آيات المتشابه وبيان إعجازه ودقة أسلوبه وروعه إيراده والغاية من تكرره.

---

(١) البقرة: آية (٦٠).

(٢) الأعراف: آية (١٦٠).

(٣) الأنعام: آية (٤٢).

(٤) الأعراف: آية (٩٤).

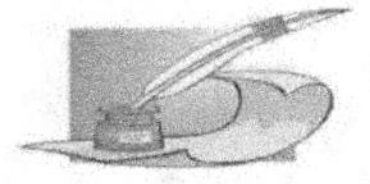 

المبحث الأول : التضمين

المبحث الأول: التضمين

يطلق التضمين في اللغة على معان متعددة منها: الكفالة، وجعل شيئًا داخل شيء آخر، يقال:

(ضمن الشيء الشيء، إذا أودعه إياه، كما تودع الوعاء المتاع، والميت القبر، وقد تضمنه هو... وكل شيءٍ جعلته في وعاء فقد ضمنته إياه)[1] (وكل شيء أحرز فيه شيء فقد ضمنه)[2]

ويعد ابن جني أول من عني بالتضمين حيث كشفه وأوضحه في أمثلة كثيرة يقول:

اعلم أن الفعل إذا كان بمعنى فعل آخر، وكان أحدهما يتعدى بحرف والآخر بآخر، فإن العرب قد تتسع فتوقع أحد الحرفين موقع صاحبه إيذانًا بأن هذا الفعل في معنى ذلك الآخر، فلذلك جيء معه بالحرف المعتاد مع ما هو في معناه وذلك كقول الله عز اسمه (أحل لكم ليلة الصيام الرفث إلى نسائكم) وأنت لا تقول: رفثت إلى المرأة وإنما تقول رفثت بها، أو معها، لكنه لما كان الرفث هنا في معنى الإفضاء، وكنت تعدي أفضيت بـ (إلى) كقولك: أفضيت إلى المرأة، جئت بإلى (مع الرفث إيذانًا وإشعارًا أنه بمعناه)[3]

---

(١) ابن منظور - لسان العرب (ضمن).

(٢) المصدر السابق - ضمن - وانظر تاج العرس - للزبيدي (ضمن).

(٣) ابن جني - الخصائص ٢/ ٣٠٨.

فكلامه يشير - صراحة - إلى أن التبادل في استعمال الحرف قد يقع بين فعلين ينتميان إلى حيز دلالي واحد، ولا يوجد بينهما فرق كبير في الدلالة على المعنى العام المستفاد من صيغتها بمساعدة بقية عناصر التركيب.

لكن من جاء بعده من اللغويين، والنحاة والبيانيين تقدموا بهذا المصطلح إلى دائرة المصطلحات المقننة ووضعوا له الحدود التي يظهر في بعض منها أثر الفلسفة واضحًا. فالزمخشري يعرف التضمين بقوله:

(أن يقصد بلفظ معناه الحقيقي ويلاحظ معه معنى فعل آخر يناسبه ويدل عليه بذكر شيء من متعلقاته)[1]

وعرفه ابن هشام بقوله: (قد يشربون لفظًا معنى لفظ فيعطونه حكمه ويسمى ذلك تضمينًا، وفائدته أن تؤدي كلمة مؤدى كلمتين)[2]

ولم يسلم هذا التعريف من الاعتراض عليه فقال الأمير في حاشيته على المغني (قوله: يشربون لفظًا معنى لفظ، ظاهر في تغاير المعنيين فلا يشمل نحو {وقد أحسن بي}[3] أي لطف فإن اللطف والإحسان واحد، فالأولى أن التضمين إلحاق مادة بأخرى لتضمنها معناها ولو في الجملة، أعني باتحاد أو تناسب

وعرفه مجمع اللغة العربية - متمثلًا في أعضائه - (أن يؤدي فعلًا أو ما في

---

(١) الزمخشري - الكشاف ١ / ٩٧.

(٢) ابن هشام مغني اللبيب ٨٩.

(٣) يوسف: آية (١٠٠).

معناه في التعبير مؤدي فعلًا آخر أو ما في معناه، فيعطي حكمه في التعدية واللزوم)[1]

أما التضمين البياني فهو من مجاز الحذف، لأنه كما يقول الصبان: (تقدير حال يناسبها المعمول بعدها، لكونها تتعدى إليه على الوجه الذي وقع عليه ذلك المعمول، ولا تناسب العامل قبلها لكونه لا يتعدى إلى ذلك المعمول على الوجه المذكور، وهو قياسي اتفاقًا، لكونه من حذف العامل لدليل)[2].

ويبسط السيد الشريف وجهة نظر البيانيين هذه عند قوله تعالى: (الذين يؤمنون بالغيب) فيقول:

والتضمين: أن يقصد بلفظ فعل معناه الحقيقي، ويلاحظ معه معنى فعل آخر يناسبه، ويدل عليه بذكر شيء من متعلقاته، كقولك: أحمد إليك فلانًا، لاحظت فيه مع الحمد معنى الإنهاء، ودللت عليه بذكر صلته أعني إلى، أي، أنهي حمده إليك. وفائدة التضمين إعطاء مجموع المعنيين، فالفعلان مقصودان معًا قصدًا وتبعًا، قال المصنف: من شأنهم أنهم يضمنون الفعل معنى فعل آخر فيجرونه مجراه، فيقول: هيجني شوقًا معدى إلى مفعولين بنفسه وإن كان هو يتعدى إلى الثاني بـ(إلى)، يقال هيجه إلى كذا، لتضمنه معنى ذكر. وقال ابن جني: لو جمعت تضمينات العرب لاجتمعت مجلدات، فإن قلت: اللفظ إذا كان مستعملًا في المعنيين معًا كان جمعًا بين الحقيقة والمجاز وإن كان مستعملًا

---

[1] الأمير - حاشية الأمير على المغني ٢/ ١٩٣.

[2] مجلة مجمع اللغة العربية القاهرة ج ١/ ص ١٠٨.

في أحدهما فلم يقصد به الآخر فلا تضمين؟ قلت: هو مستعمل في معناه الحقيقي فقط والمعنى الآخر مراد بلفظ محذوف يدل عليه ذكر ما هو من متعلقاته، فتارة يجعل المذكور أصلًا في الكلام والمحذوف حالًا كما في قوله تعالى: (ولتكبروا الله على ما هداكم)[1] وكأنه قيل: ولتكبروا الله حامدين على ما هداكم، وتارة يعكس فيجعل المحذوف أصلًا والمذكور مفعولًا كما مر من المثال أو حالًا كما يشير إليه قوله: أي يعترفون به فإنه لا بدَّ حينئذ من تقدير الحال أي يعترفون به مؤمنين وإلا لم يكن تضمينًا بل مجازًا عن الاعتراف فإن قلت إذا كان المعنى الآخر مدلولًا عليه بلفظ محذوف لم يكن في ضمن المذكور فكيف قيل أنه مضمن إياه؟ قلت: (لما كان مناسبة المعنى للمذكور بمعونة ذكر صلته قرينة على اعتبار جعل كأنه في ضمنه)[2] وبتأمل ما ذكره السيد لا نجد بين النحاة والبنانيين خلافًا جوهريًا إذ أن الفعل عندهما ملاحظ معه معنى فعل آخر مدلول عليه بالمخالفة في التعدي أو اللزوم واللفظ المستعمل في معناه الحقيقي وفي معنى ما تضمنه والفائدة هي إعطاء المعنيين.

وحسبنا أن تكون الغاية من التضمين عند النحويين هي ذات الغاية التي يحققها التضمين البياني كما أكده بحث التضمين في مجلة المجمع اللغوي (والتحقيق يسوي بين التضمين البياني والنحوي من حيث الإفادة العربية)[3]

---

(١) البقرة: آية (١٨٥).

(٢) السيد الشريف – حاشية السيد الشريف على الكتاف ١ / ١٢٦.

(٣) مجلة المجمع الملكي – القاهرة – العدد الأول (بحث في التضمين) ص ١٨٢.

ويعد التضمين في القرآن الكريم أحد أوجه التأويل التي قال بها النحويون – في محاولة منهم – لرد النص القرآني إلى قواعدهم التي استنبطوها من كلام العرب المشتمل على خليط من المستويات اللهجية، والأنواع الأدبية المختلفة والتي يرون أنها مشتملة على الأصول العامة لما يمكن أن يبني عله قواعد نحوية عامة، ومطردة يرد إليها كل تركيب يخرج عنها ولو كان ذلك كتاب الله الذي يتفقون على أنه الأفصح والأنقى من شوائب اللهجات والضرورات بين هذا الكم اللغوي.

يقول تمام حسان : (وأما التضمين فكثيرًا ما يكون وسيلة يستعملها النحوي لحل إشكال الأصل كان يكون في الجملة فعل لازم انتصب بعده المفعول فيضمن معنى المتعدي أو متعد لم يصل إلى المفعول إلا بواسطة فيضمن معنى المتعدي، أو حرف استعمل مكان حرف آخر فيقول النحوي بتضمينه معناه)(١)

وبالنظر في بعض النصوص القرآنية التي قيل فيها بالتضمين نجد جانبًا كبيرًا من الآراء يخلط بين النص القرآني كتركيب منزل والتفسير لهذا النص وعندما يقول أحدهم أن قوله تعالى:

(يخالفون عن أمره)(٢) (متضمنًا لمعنى يعرضون أو يصدون)(٣) إنما جعل تفسير هذا النص هو المراعي في تفسير النص الأصلي. وكما يقول على أبو

---

(١) تمام حسان – الأصول ص١٦٢.

(٢) النور: آية (٦٣).

(٣) أبو السعود – إرشاد العقل السليم م ٣/ ج ٦/ ١٩٨.

المكارم فإنهم (يجعلون تفسير من النص نفسه ويحتمون لذلك مراعاته في تقنين القواعد وتطبيق أحكامها)[1] ولنأخذ مثلًا قوله تعالى: {إن الله اصطفى آدم ونوح وآل إبراهيم وآل عمران على العالمين}[2]، أدخلها أبو حيان في باب التضمين حتى يتسنى له من وجهة نظره رد التركيب إلى القاعدة العامة في وصول (اصطفى) إلى ما يتعلق به من أسماء مجرورة وهو ما يمكن أن يعبر عنه معنى بالمفعول الثاني فذكر أن (على العالمين) متعلق بـ (اصطفى)، ضمنه معنى (فضل) فعداه بـ (على) ولو لم يضمنه معنى (فضل) لعدي بـ (من)[3].

وقال الجمل في فتوحاته موافقًا أبا حيان: (على العالمين) متعلق بـ(اصطفى)، فإن قيل (اصطفى) يتعدى بـ (من) نحو (اصطفيتك من الناس) فالجواب أنه ضمن معنى (فضل) (أي فضلهم بالاصطفاء)[4] أي أن (اصطفى) لا يمكن أن يتعدى بحرف الجر (على) وفق صيغته الأصلية فقط. ونقول إن (اصطفى) قد تعدى إلى غير مفعوله الأول الواصل إليه مباشرة في القرآن الكريم بـ(من) و(على) و(اللام) وكان تعديه بالحرف (على) أكثر من الحرف (من) الذي جعلوه الأساس في وصول هذا الفعل إلى متعلقه ففي حين تعدى بـ (من)

---

(١) أبو المكارم – أصول التفكير النحوي ص ٤٠.

(٢) آل عمران: آية (٣٣).

(٣) أبو حيان – البحر المحيط ٣/ ١١١.

(٤) الجمل – الفتوحات الإلهية ١/ ٢٦١.

ثلاث مرات[1] تعدى بـ (على) خمس مرات[2] وهو في معظم ما ورد يعني الاختيار. فقد ذهب كل من ابن كثير[3] والقرطبي[4] والخازن[5] والبغوي[6] "وأبو السعود"[7] و"رشيد رضا"[8] إلى أن (اصطفى) بمعنى اختار في الآية موضع الاستشهاد، بل إن أبا حيان نفسه فسره بالمعنى ذاته عند تناوله لقوله تعالى: (إن الله اصطفى لكم الدين)[9] حيث قال: (أي استخلصه لكم وتخيره لكم[10]) وهو ما يؤكد توافق استعمال (على) مع هذا الفعل وتوافقه مع القواعد العامة لاستخدام هذا الفعل، ومع المعنى المراد دون أن نضمن (اصطفى) معنى (فضل) وقول أبي حيان: ولو لم يضمنه (فضل) لعدي بـ (من) لا قوة له من جهة المعنى لأن تعدية الفعل بـ (على) مختلفة عنها – معنى – بـ (من) فحين استخدام الحرف (على) نجد مع معنى التخيير معنى التكليف

---

(١) الحج: آية (٧٥)، فاطر: آية (٣٢)، الزمر: آية (٤).

(٢) البقرة: آية (٢٤٧)، آل عمران: آية (٣٣)، آية (٤٢)، الأعراف: آية (١٤٤)، الصافات: آية ١٥٣.

(٣) ابن كثير – تفسير القرآن ١/ ٣٦٦.

(٤) القرطبي الجامع لأحكام القرآن م ٢/ ج ٤١/ ٤.

(٥) الخازن – لباب التأويل م ١/ ج ٣٣٨/ ١.

(٦) البغوي – معالم التنزيل بهامش الخازن م ١/ ج ٣٣٨/ ١.

(٧) أبو السعود – إرشاد العقل السليم م ١/ ج ٢٦/ ٢.

(٨) محمد رشيد رضا – تفسير المنار ٣/ ٢٣٧.

(٩) البقرة: آية (١٣٢).

(١٠) أبو حيان – البحر المحيط – ١/ ٦٣٧.

على المختار منهم، وعندما يقال – مثلًا –: اصطفيت أو اخترت محمدًا على الطلاب فإنه يعني أنه أولاهم بالتقريب، وأنه مكلف بهم بعكس استخدام الحرف (من) الذي يعني – مع بقية أجزاء التركيب – مجرد الاختيار دون أن تكون هناك علاقة بين من اختير، والمختار منهم، ويظل المعنى مقتصرًا على مجرد تقريب المتعلق بالفاعل دون أن يكون لهذا المتعلق أي رابطة بالآخرين[1]

لو جاء في معنى الآية محل الدراسة (اصطفى آدم... من العالمين) لكان المعنى منصرفًا إلى مجرد اختيار هؤلاء المذكورين من العالمين فقط دون أن يكون لهم عليهم مزية أو تكليف.

انظر إلى الفارق بين "اخترت محمدًا من الرجال"، و"اخترته على الرجال"، وفضلته على الرجال فالأول يدل على مجرد الاختيار الخاص بالفاعل بينما يؤدي الثاني معنى الاستعلاء الذي يستلزم أن يكون المختار مستعليًا على المختار منهم مكلفا بهم، ويؤدي الثالث التفضيل دون أن يفرض الاختيار فليس كل تفضل اختيارًا. وإن كان كل اختيار تفضيلًا)[2]

وبذلك يتضح أن التضمين قد يصرف الاهتمام عن تدبر أسرار الحروف وهو عاجز عن الوفاء بأغراض النظم ودواعيه وليس فيه أكثر من محاولة تصحيح

---

(١) الصادق خليفة راشد – دور الحرف في أداء معنى الجملة ص ٣٤٤.

(٢) المصدر السابق ص ٣٤٤، ٣٤٥.

التعدي بحرف ليس من شأن الفعل والاسم التعدي به وذلك ما يجب أن لا نقف عنده ونحن نتوخى أسرار الإعجاز في النظم القرآني.[1]

والحقيقة إن النحو وقواعده قد وضعا لخدمة القرآن ووضع معايير لغوية تتماشى وتراكيبه اللغوية حتى يستطيع كل عربي أن يحافظ على فصاحة لسانه وفهم هذا الكتاب المعجز، فالقرآن سابق على النحو وقواعده وبالتالي كان الأولى أن ترد القواعد إلى هذه الأنماط التركيبية الموجودة في القرآن حتى تستوعبها لا أن يرد القرآن إلى القواعد.

---

(١) محمد الأمين الخضري - من أسرار حروف الجر في الذكر الحكيم صـ ٥٢.

المبحث الثاني : حروف الجر

المبحث الثاني : حروف الجر

ـ الابتداء والظرفية

لقد غاير النظم الحكيم في بعض آياته المتشابهة بين (من) و(في) وقبل أن نشرع في عرض هذه الآيات وبيان توجيهها نذكر بعض ما قبل عن حرفي الابتداء والظرفية، وأما (من) فتكون لابتداء الغاية في الأماكن وذلك قولك: من كان كذا وكذا إلى مكان كذا وكذا، ونقول إذا كتبت كتابًا: من فلان إلى فلان فهذه الأسماء سوى الأماكن بمنزلتها، وتكون أيضًا للتبعيض، تقول: هذا الثوب منهم كأنك قلت: بعضه وقد تدخل في موضع لو لم تدخل فيه الكلام مستقيمًا ولكنها توكيد بمنزلة (ما) أنها تجر لأنها حرف إضافة، وذلك قولك (ما أتاني من رجل وما رأيت من أحد)[1]

ورد بعضهم كل معاني (من) إلى الابتداء: (ف (من) معناها ابتداء الغاية كقولك، سرت من البصرة إلى الكوفة وكونها مبعضة في نحو: أخذت من الدراهم، ومبينة في نحو: (فاجتنبوا الرجس من الأوثان)[2] ومزيدة في نحو: (ما جاءني من أحد راجع إلى هذا)[3] أي إلى الابتداء ويقول السيوطي إنها لابتداء الغاية مطلقًا.

أما عن (في) فيقول إمام النحاة: (وأما (في) فهي للوعاء، تقول هو في الجراب، وفي الكيس وهو في بطن أمه، وكذلك هو في الغل لأنه جعله إذا أدخله فيه

---

(١) سيبويه الكتاب ٤/٢٢٤، ٢٢٥.

(٢) الحج آية ٧٨.

(٣) الزمخشري – المفصل ٢٨٣.

كالوعاء له، وكذلك: هو في القبة، وفي الدار وإن اتسعت في الكلام فهي على هذا وإنما تكون كالمثل يجاء به يقارب الشيء وليس مثله)[1]

فهو حرف يدل في الحقيقة على احتواء جرم على جرم أو على معنى كقوله تعالى: (وهم في الغرفات آمنون)[2] (وفي قلوبهم مرض)[3] (في جيدها حبل من مسد)[4]

وقد أرجع الرضى كل معاني (في) الحقيقة والمجازية إلى معنى الظرفية[5]، ومما غاير فيه النظم الحكيم بين حرفي الابتداء والظرفية ما يلى:

الأنماط: -

(ولا تؤتوا السفهاء أموالكم التي جعل الله لكم قيامًا وارزقوهم فيها واكسوهم وقولوا لهم قولًا معروفًا)[6]

(وإذا حضر القسمة أولوا القربى واليتامى والمساكين فارزقوهم منه وقولوا لهم قولًا معروفًا)[7]

---

(١) سيبويه – الكتاب – ٢٢٦/٤.

(٢) سبأ: آية ٣٧.

(٣) البقرة: آية ١٠.

(٤) المسد: آية (٥).

(٥) الرضى – شرح الكافية ٣٠٤/٢.

(٦) النساء – الآية ٥.

(٧) النساء – الآية ٨.

التحليل:

الآية الأولى تتحدث عن أناس صار إليهم المال بالإرث ولا يحسنون القيام عليه والتصرف فيه فيحجر عليهم ما لهم إبقاء عليه، ولا يمكنون منه إلا بقدر ما يأكلونه ويلبسونه، فالآية تدعو إلى المحافظة على أموال اليتامى والحرص على تنميتها وذلك باستثمارها حتى تكون النفقة والكسوة من الأرباح من رأس المال.

وهو ما أبان عنه بجلاء صاحب الكشاف حيث يقول (وارزقوهم فيها) واجعلوها مكانًا لرزقهم بأن تتاجروا فيها وتتربحوا حتى تكون نفقتهم من الأرباح لا من صلب المال فلا يأكلها الإنفاق[1]

أما الآية الأخيرة فهي في المقتسمين لميراث يخصهم لا حق فيه لغيرهم فيحضرهم فقير قريب ويتيم محتاج ومسكين فندبوا إلى التصدق عليهم الإحسان إليهم، فلما كانت الآية تدعو إلى سد حاجات ذوي القربى واليتامى والمساكين ببعض الأموال من الميراث جاءت (من) دالة على إعطائهم منها ما يستوجبه البر بالأرحام.

---

[1] الزمخشري الكشاف ٢٤٧/١ وانظر نظم الدرر في تناسب الآيات والسور - للبقاعي ٢٠١٦/٢، روح المعاني للآوس ٢٠٣/٤.

ومن ذلك أيضًا:

الأنماط:

(ويوم نبعث من كل أمة شهيدًا ثم لا يؤذن للذين كفروا ولا هم يستعتبون)[1]

(ويوم نبعث في كل أمة شهيدًا عليهم من أنفسهم)[2]

التحليل:

هناك من ذهب إلى أن الآية الأولى تمهيد للآية الثانية، التي صرح فيها بذكر شهادة الرسول على أمته يقول: ولما كان قوله تعالى (وجئنا بك شهيدًا على هؤلاء)[3] حاصلًا من تعقيبه، عليه السلام وتحقيق ذلك الحكم كونه الشهيد على أمته من أنفسها ورد ما قبله محررًا فيه ذلك الغرض من تحقيق ذلك الحكم من إن كل نبي قبله إنما كان من أنفس القوم المرسل إليهم ذلك الرسول لا من غيرهم، وهو الشهيد عليهم وحقق ذلك في الثانية بما يحرز حرف الوعاء الذي هو (في) ويقتضيه من استحكام الإخبار بكون الشهيد من نفس الأمة لأن قوله: "من كل أمة" يحتمل أن يراد به أن يكون منهم في مذهب أو جامع بينهم وبينه من غير أن يكون من أنفسهم، أما قوله: "في كل أمة" فأنص في الاتصال واللزوق، لا سيما بما أتبع به من قوله: (من أنفسهم) فطوبق بين

---

(1) النحل: آية (٨٤).

(2) النحل: آية (٨٩).

(3) النحل: آية (٨٩).

المتقابلين من قوله "ويوم نبعث في كل أمة شهيدًا عليهم من أنفسهم" وقوله (وجئنا بك شهيدًا على هؤلاء) [1]

ويرى آخر أن سبب المغايرة يرجع إلى أن كل آية منهما تصور موقفًا غير الذي تصوره الأخرى فاستدعى كل موقف ما ذكر فيه "ذلك أن الآية الأولى إخبار منه تعالى أنه يجمع الشهداء من الأمم في موقف قصد منه إعلام الكافرين بجمع الأدلة ضدهم وإحضار من يكذبونهم إذا ما ادَّعوا عدم تبليغ الرسل لهم، لكنه ليس موقف محاجة ومساءلته بدليل قوله تعالى (ثم لا يؤذن الذين كفروا وهم يستعتبون)[2] لذا لم يحتج إلى المبالغة بكون الشهيد فيهم، كما لم يحتج إلى التأكيد بأنه من أنفسهم ولا بأنه شهيد عليهم، أما الآية الثانية فهي تصور موقف المحاجة والخصومة وتبادل الاتهامات وإلقاء القول بعد أن أذن الله لهم بذلك، كما يفصح عنه قوله قبل هذه الآية: (وإذا رأى الذين أشركوا شركاءهم قالوا ربنا هؤلاء شركاؤنا الذين كنا ندعوا من دونك فألقوا إليهم القول إنكم لكاذبون* وألقوا إلى الله يومئذ السلم وضل عنهم ما كانوا يفترون) [3] فلم يكن إلقاء المسلم وذهاب افترائهم إلا دليلًا على أنهم وجهوا بشهادة من أرسلوا فيهم وشهدوا عليهم، ومن ثم صرح في هذه الآية بأن الشهيد مبعوث فيهم بما يدل على أنه عاش بينهم واستبطن أحوالهم وذلك

____

(١) ابن الزبير – ملاك التأويل ٧٥٨/٢.

(٢) النحل: آية (٨٤).

(٣) النحل: آية (٨٧،٨٦).

بجعل الشهادة عليهم أمكن وأوثق، ومن ثم جاء (من أنفسهم) [1] تأكيدًا له ..

والذي يتضح أن الرأيين السابقين مبنيان على أن قوله تعالى: {في كل أمة شهيدًا} أدل على أن الشهيد من أنفسهم. من قوله (من كل أمة شهيدًا) وهذا الذي ذهبنا إليه فيه نظر لأن الحرف (في) يقتضي أن يكون موجودًا بينهم متعينًا فيهم تعين وجود الشيء في الشيء الموجود فيه ولا يلزم منه أن يكون منهم من أنفسهم فإننا نقول مثلًا إن إبليس لم يكن من الملائكة ولكنه كان فيهم يوم أمروا بالسجود، يعني كان بينهم كما قال تعالى: (وإذا كنت فيهم فأقمت لهم الصلاة) [2] أي إذا كنت معهم ولا يقال إذا كنت منهم. وقد روى البخاري عن أنس قال: (دعا رسول الله صلى الله عليه وسلم الأنصار فقال: هل فيكم أحد غيركم؟ قالوا: لا إلا ابن أخت لنا، فقال رسول الله صلى الله عليه وسلم: ابن أخت القوم منهم) [3]

فتأمل قوله: (هل فيكم أحد غيركم) فقد يكون فيهم وليس منهم. وقولهم: (لا إلا ابن أخت لنا) يعني فينا من غيرنا وهو ابن أختنا. وقوله: (ابن أخت القوم منهم) تقرير كونه من أنفسهم.

---

(١) محمد الأمين الخضري - من أسرار حروف الجر في الذكر الحكيم من ١٥٢.

(٢) النساء: آية (١٠٢).

(٣) انظر صحيح البخاري - كتاب الفرائض - باب مولى القوم من أنفسهم وابن أخت القوم منهم، وصحيح الجامع الصغير للألباني ١/ ٧٠.

وكذا قوله تعالى: (كما أرسلنا فيكم رسولًا منكم) [1] وقوله تعالى: (فأرسلنا فيهم رسولًا منهم) [2] يتبن لك أن (من) تعني من أنفسهم. ألا ترى أنه يمكن أن يقال أرسلنا فيكم رسولًا من غيركم، فلو أنه أرسله إليهم من بلاد العجم لكان رسولًا فيهم ولكنه من غيرهم. وإنما أفاد حرف الوعاء وجوده فيهم ليبلغهم ولكنه لم يقد أنه منهم، وتأمل قوله تعالى: (ولقد أرسلنا من قبلك في شيع الأولين) [3] يقول: أرسلنا فيهم رسلًا يبلغونهم رسالات ربهم فجاء بـ(في)

ليدل على إرساله الرسول واستقراره فيهم استقرار المظروف في الظرف، أما (من) فتدل على انبعاثه من أنفسهم لا من غيرهم كما قال تعالى: {وما أرسلنا في قرية من نذير إلا قال مترفوها أنا بما أرسلتم به كافرون} [4].

ولا يصح أن يقال (وما أرسلنا من قرية) لأن المراد إرسال الرسول وإيجاده في هذه القرية ليبلغ الرسالة، فناسب حرف الوعاء المراد، وقوله تعالى: (قالوا أرجه وأخاه وأرسل في المدائن حاشرين) [5] لا يلزم منه أن يرسل فيها ممن هو منها بل لو أرسل فيها من ليس منها، ولكنه عالم خريت أعلم بالبلاد من

----

(١) البقرة: آية (١٥١).

(٢) المؤمنون: آية (٣٢).

((٣) الحجر: آية (١٠).

(٤) سبأ: آية (٣٤).

(٥) الأعراف: آية (١١١).

أهلها أولى بالإرسال ممن هو من أهلها ولا دراية له بها، وقوله تعالى: {لقد جاءكم رسول من أنفسكم}[1] لا يصلح أن يقال (في أنفسكم) مما يدلك على أن (من) أدل على المراد من (في) فلا أبلغ من قولك (من أنفسكم) إذا أردت أن تقرر أنه منهم، وكذا قوله تعالى: (ربنا وابعث فيهم رسولًا منهم)[2]، فقد أفادت (فيهم) معنى غير الذي أفادته (منهم) وإلا كان تكرارًا سمجًا كأنك تقول: ابعث فيهم رسولًا فيهم، أو ابعث منهم رسولًا منهم. وهذا مثل قوله تعالى: (ويوم نبعث في كل أمة شهيدًا من أنفسهم)[3] فيكون المعنى بعث الله فيهم رسولًا من أنفسهم ليبلغهم رسالات ربهم، ويوم القيامة يبعث أيضًا فيهم هذا الرسول شهيدًا عليهم من أنفسهم فيتوافق الحالان وهو المراد. وكذا قوله تعالى:

{وإن خفتم شقاق بينهما فابعثوا حكمًا من أهله وحكمًا من أهلها}[4] فلو قلنا: (فابعثوا حكمًا في أهله وحكمًا في أهلها) لأفادت (في) عكس ما أفادته (من) وذلك أنك لو بعثت حكمًا من أهله لكان من أنفسهم أما إذا بعثت حكمًا في أهله لكان من غيرهم.

---

(١) التوبة: آية (١٢٨).

(٢) البقرة: آية (١٢٩).

(٣) النحل: آية (٨٩).

(٤) النساء: آية (٣٥).

قال الحرث بن ظالم:

نأت سلمى وأمْست في عدو   تَحْت إِلَيْهُمُ القَلْص الصّعَابا[1]

فهذا دليل على أنه قد يكون الشخص في القوم ولكنه ليس منهم أما (من) فتفيد أن المقصود بها أنهم هم بذواتهم.

يقول ضمرة بن ضمرة النهشلي:

عليها الكُماة والحديد فمنهُمُ   مصيدًا لأطراف العوالي وصائد[2]

وبذلك يتضح أن قوله تعالى: {من كل أمة} أدل على أن الشهيد من أنفسهم من قوله تعالى: (في كل أمة) خلاف الذي يقولون فحرف الوعاء يفيد وجوده بينهم ليبلغهم، ولكنه لم يفد أنه منهم لذلك احتاج إلى قوله: (من أنفسهم) في الآية التي جاء فيها حرف الوعاء. وقد تقدم قول سيبويه أن (من) تكون للتبعيض (تقول هذا من الثوب وهذا منهم كأنك قلت بعضه)[3] والبعضية أدق من الظرفية في المعنى فابنك أقرب إليك وألصق بك – لأنه بعضك – من جارك، لذلك تجد في الانتقاء استخدام (من) هو المتعين كما قال تعالى: (فلما تبين له أنه عدو لله تبرأ منه) [4] وقال تعالى: (وقال رب نجني من القوم

---

(١) المفضل بن محمد بن يعلي الضبي – المفصليات من ٣١٤ تحقيق أحمد شاكر وعبد السلام هارون.

(٢) المصدر السابق ص ٣٢٥ سيبويه – الكتاب ٤ / ٢٢٢.

(٣) القصص: آية (٤٩).

(٤) التوبة: آية (١١٤).

الظالمين)[1] وفي الإثبات وتوكيده تقول أنا من فلان وفلان مني، ولست تقول في شيء من ذلك أنا في فلان أو أنا بريء في فلان.

وتأمل قوله تعالى: (بل هو آيات بينات في صدور الذين أوتوا العلم) ٥، تجد أن (في) دلت على أن الآيات لا علاقة لها بالصدور إلا أن تلك الصدور جعلت لها كالأوعية، أما إذا قلت: من صدور الذين أوتوا العلم لاختلف المعنى ولكانت هذه الآيات من تلك الصدور فظهر بذلك حتمية الاتصال الذاتي إذا استخدمت (من)، وإذا أردت حتمية الانفصال فاستخدم (في) مما يدل على أن (من) أولى بالاتصال واللزوق.

الاستعلاء والظرفية

(في) و(على) يتداخل معنياهما في بعض المواضع فلذلك يقع بعضهما موقع بعض، لأن معنى (على) الإشراف والارتفاع، ومعنى (في) الوعاء والاشتمال وهي خاصة بالأمكنة. ومكان الشيء قد يكون عاليًا مرتفعًا وقد يكون متسفلًا منخفضًا. [2]

ويعني ذلك أن حرف الوعاء يلتبس بحرف الاستعلاء مما جعل من العسير على بعضهم.

---

(١) القصص: آية (٢١).

(٢) البطليوس - الاقتضاب ٢/ ٢٨٢.

استعلاء سر اختصاص (على) بموضع واختصاص (في) بموضع آخر فيها اشتبه نظمه. وقد مر بنا كلام سيبويه عن (في) [1] ولنر ما قاله عن (على) يقول: (أما (على) فاستعلاء الشيء، نقول: هذا على ظهر الجبل، وهي على رأسه. ويكون أن يُطوى أيضًا مستعليًا كقولك: مر الماء عليه، وأمررت يدي عليه، وأما مررت على فلان فجرى هذا كالمثل وعلينا أمير كذلك وعليه مال أيضًا، وهذا لأنه شيء اعتلاه ويكون مررت عليه، أن يريد مروره على مكانه ولكنه اتسع)

ومن مشتبه النظم الذي غوير فيه بين حرفي الاستعلاء والظرفية قوله تعالى: (ومنهم من يستمع إليك وجعلنا في قلوبهم أكنة أن يفقهوه وفي آذانهم وقرًا)[2]، وقوله تعالى: (وجعلنا على قلوبهم أكنة أن يفقهوه وفي آذانهم وقرًا)[3]، وقوله تعالى: (إنا جعلنا على قلوبهم أكنة أن يفقهوه وفي آذانهم وقرًا)[4]، وقوله تعالى: (وقالوا قلوبنا في أكنة مما تدعونا إليه وفي آذاننا وقرًا)" ففي الثلاث آيات الأول أوثر حرف الاستعلاء وفي الآية الأخيرة أوثر حرف الوعاء. وحينما تعرض جار الله الزمخشري للتركيبين (على قلوبهم أكنة) و(قلوبنا في أكنة) وذلك عند تفسيره للآية الأخيرة قال: فإن قلت (على)

---

(١) انظر ص ١٧ من البحث سيبويه – الكتاب ٤/ ٢٣٠، ٢٣١.

(٢) الأنعام: آية (٢٥).

(٣) الإسراء: آية (٤٦).

(٤) الكهف – الآية ٥٧.

قيل: (على قلوبنا أكنة) كما قيل (وفي آذاننا وقرًا) ليكون الكلام على نمط واحد (قلت): هو على نمط واحد لأنه لا فرق في المعنى بين قولك (قلوبنا في أكنة) و(على قلوبنا أكنة) والدليل عليه قوله تعالى:

{إنا جعلنا علىٰ قلوبهم أكنة} ولو قيل: (إنا جعلنا قلوبهم في أكنة) لم يختلف المعنىٰ وترئ المطابيع منهم لا يراعون الطباق والملاحظة إلا في المعاني)[1].

هذا وقد رفض الزمخشري القول بتساوي الحرفين من حروف المعاني وصحة أحدهما في موضع الآخر وذلك عند تعرضه للفرق بين قوله تعالى: (لأجل مسمى)[2] وقوله: (إلى أجل مسمى)[3] يقول:

(فإن (قلت) : يجري لأجل مسمى، ويجري إلى أجل مسمى، أهو من متعاقب الحرفين؟ (قلت) كلا، ولا يسلك هذه الطريقة إلا بليد الطبع، ضيق العطن)[4]

وهناك من حاول كشف سر إيثار كل حرف في موضعه بقوله: إن (في) أبلغ في هذا الموضع من (على) لأنهم قصدوا إفراط عدم القبول، لحصول قلوبهم في أكنة احتوت عليها احتواء الظرف على المظروف فلا يمكن أن يصل إليها

---

(١) الزمخشري - الكشاف ٣/ ٣٨٢، ٣٨٢.

(٢) لقمان: آية ٢٩

(٣) نوح - الآية ٤

(٤) الزمخشري - الكشاف ٣/ ٢١٦.

شيء. كما تقول: المال في الكيس، بخلاف قولك: المال على الكيس، فإنه لا يدل على الحصر وعدم الحصول دلالة الوعاء، وأما في قوله: (إنا جعلنا) فهو من إخبار الله تعالى لا يحتاج إلى مبالغة.[1]

وبنحو من هذا ذهب آخر. حيث يقول: (فالمواضع الثلاثة التي خصت بحرف الاستعلاء إنما هي إخبار من الله تعالى بعدم قبولهم للهداية لأنه ختم على قلوبهم وأسماعهم فهم لا يسمعون ولا يعقلون... وإخبار الله تعالى بعدم نفاذ الحق إلى أسماع الكافرين وإشراق نور الهداية على قلوبهم يكفي فيه جعل الأكنة مستعلية على القلوب دالة على أنها أغطية تحول دون وصول الهداية إليها. أما آية "فصلت" فقد جاءت على ألسنة المشركين مكتسبة ثوبًا من المبالغة في رفض الاستماع إلى الوحي معلنين أن حرفًا واحدًا لن ينفذ إلى أسماعهم، وأن قلوبهم قد أحاطت بها أغطية كثيفة وشملتها اشتمال الظرف للمظروف... لهذا كانت في الدلالة على احتواء الأكنة للقلوب وإحاطتها بها هي الأنسب لهذا المقام)[2]

وفيما ذهبا إليه نظر. فقول الأول (كما تقول المال في الكيس بخلاف قولك المال على الكيس، فإنه لا يدل على الحصر وعدم الحصول دلالة الوعاء) هذا مثال غير مطابق لأن قولنا المال في الكيس يقتضي ستر المال بالكيس، أما

---

(١) أبو حيان - البحر المحيط ٩/ ٢٨٥.

(٢) محمد الأمين الخضري - من أسرار حروف الجر في الذكر الحكيم ص ٥٩ ٦٠٠.

قولنا المال على الكيس فإنه يقتضي عكس ما يقتضيه الأول وهذا خلاف ما نحن فيه فإن قوله: (جعلنا على قلوبهم أكنة) مقتضاء قلوبهم في أكنة.

ومفهوم كلامهما أن قول الكافرين أبلغ في الدلالة على ضلالهم من كلام الله وليس بصواب؛ فإن المفهوم من آية الكهف أنهم قد وصلوا إلى المنتهى في الضلال وهو قوله تعالى:

(وإن تدعهم إلى الهدى فلن تهتدوا إذا أبدًا) [1] فتأمل تصريف الآية بقول: إنا جعلنا على قلوبهم أكنة أن يفقهوه وفي آذانهم وقرًا، حتى وصلوا الغاية في الضلال بأنهم لن يهتدوا أبدًا مهما دعوتهم، لقد جعلناك نورًا وهدى وأرسلناك داعيًا إلى النور والهدى، وأنزلنا عليك كتابًا هو النور والهدى، فلو مكثت بأنوارك تلك وهداياتك أبد الدهر تدعوهم لن يهتدوا بأنا جعلنا على قلوبهم أكنة أن يفقهوه وفي آذانهم وقرًا. وهذا هو بلوغ المنتهى.

والمتأمل لقولهم: (وقالوا قلوبنا في أكنة مما تدعونا إليه وفي آذاننا وقر ومن بينا وبينك حجاب) [2]، وقول المولى عز وجل: (وإذا قرأت القرآن جعلنا بينك وبين الذين لايؤمنون بالآخرة حجابًا مستورًا وجعلنا على قلوبهم أكنة أن يفقهوه وفي آذانهم وقرًا) [3] (وإن تدعهم إلى الهدى فلن يهتدوا إذا أبدًا) [4]،

---

(١) الكهف: آية (٥٧).

(٢) فصلت - الآية ٥.

(٣) الإسراء: آية (٤٥، ٤٦)

(٤) الكهف: آية (٥٧).

يجد أن ما ورد في الإسراء والكهف زاد شيئين عما ورد في فصلت فهم قالوا: (ومن بيننا وبينك حجاب) وقال الله: (حجابًا مستورًا) أي ساترًا كما قال ابن كثير، وقولك حجابك ساتر أبلغ من قولك حجاب، فقد يكون في الحجاب خرق ونحوه يمنع من كونه ساترًا. والثانية قوله: (وإن تدعهم إلى الهدى فلن يهتدوا إذا أبدًا) وهذه ليس لها أخت في فصلت. وبذلك يتضح أن قول الله في وصف ضلالهم وبعدهم عن الحق وبعد الحق عنهم أبلغ من قولهم. والترنم بقولنا حرف الوعاء ودلالة الوعاء باطل في بعض الصور. لا يجوز القول به كما في قوله تعالى: ءأمنتم من في السماء أن يخسف بكم الأرض)[1] وهذا هو الله أفنقول بدلالة الوعاء ها هنا فنجعل الله في السماء كالمال في الكيس وهو الذي وسع كرسيه السماوات والأرض.

وقال الشاعر[2]:

فَإِذَا مَا مَرَرْتَ فِي مُسْبَطِرٍ   فَاجْمَح الخَيْلَ مِثْلَ جَمْعِ الكِعَابِ.

وقال المرار بن منقذ[3]:

يَضِنّ بِحَقِّهَا وَيذمُّ فِيهَا   وَيَتْرُكُهَا لِقَومٍ آخرينا

(يتم فيها: يذمه الناس فيها لبخله، أي من أجلها)[4] فأين دلالة (في) على الوعاء هنا. وها هنا في تحرير الآيات وجه لعله أوجه مما ذكر وهو قوله تعالى:

---

(١) الملك: آية (١٦).

(٢) حاتم الطائي - ديوان حاتم الطائي ص ٢٧.

(٣) المفضل الضبي - المفضليات ص ٧٢.

(٤) المصدر السابق هامش ص ٧٢.

(إنا جعلنا على قلوبهم أن يفقهوه وفي آذانهم وقرًا) إنما ذلك بكسبهم كما قال تعالى: (وقالوا قلوبنا غلف بل طبع الله عليها بكفرهم) [1] وقولهم: (قلوبنا غلف) كقولهم: (قلوبنا في أكنة) وقوله تعالى: (بل طبع الله عليها) كقوله تعالى: (على قلوبهم أكنة) وظاهر هذا الإعراض عن قولهم؛ لاستخدمه في التحويل لفظ (بل) الذي يفيد المغايرة. يقول: طبعنا عليهم بكفرهم وعنادهم وكنا قد خلقنا تلك القلوب على الفطرة. كما في الحديث (ما من مولود إلا يولد على الفطرة...) [2] فلما عاندوا وكفروا وكذبوا جعلنا عليها الأكنة كما قال تعالى: (كلا بل ران على قلوبهم ما كانوا يكسبون) [3].

وهم إنما أرادوا أن يقولوا: إن إعراضهم عن الهدى أمر فطري جبلي طبعوا عليه لذلك قالوا: (قلوبنا في أكنة) وأراد الله تعالى أن يبين أنه إنما هو بكسبهم فقال تعالى: (جعلنا الله عليها بكفرهم) وقال تعالى: بل طبع وهم يقولون بل قلوبنا غلف على قلوبهم. ومطبوعة على الكفر بك فكلامهم لم يفد سبب ضلالهم الكسبي فعبروا عن حالهم بالمبتدأ والخبر. وكلام الله أفاد السبب فتقدم الفعل منه. إشارة إلى الفعل منهم فإن الله لا يغير ما بقوم حتى يغيروا

---

(١) لنساء: آية (١٥٥).

(٢) رواه البخاري - كتاب التفسير - باب (لا تبديل لخلق الله) لدين الله (خلق الأولين) دين الأولين.. والفطرة الإسلام، وكتاب القدر - باب - الله أعلم بما كانوا عاملين، وكتاب الجنائز.. باب إذا أسلم الصبي فمات هل يصلى عليه، ورواه مسلم - كتاب القدر، وانظر صحيح الجامع الصغير للألباني ٢/ ١١٠٠٧.

(٣) المطففين: آية (١٤).

ما بأنفسهم. وهم بدلوا نعمة الله وغيروا فطرة الله فكان جزاؤهم من جنس عملهم. أن طبع الله على قلوبهم التي بدلوا فطرتها وأمرها الرشيد.

المجاوزة والبعدية

يقول سيبويه عن حرف المجاوزة: وأما (عن) فلما عدا الشيء ذلك قولك: أطعمته عن جوع، جعل الجوع منصرفًا تاركًا له قد جاوزه وقال: قد سقاه عن العيمة، والعيمة: شهوة اللبن. قال أبو عمرو سمعت أبا يزيد يقول: رميت عن القوس وناس يقولون: رميت عليها وأنشد: –

أَرْمِي عَلَيْهَا وهي فرعٌ أَجْمَعُ.... وهي ثلاثُ أذرع واضبعُ

وكساه عن العري، جعلهما قد تراخيا عنه، ورميت عن القوس لأنه قذف سهمه عنها وعداها. وتقول: جلس عن يمينه فجعله متراخيًا عن بدنه وجعله في المكان الذي بحيال يمينه. وتقول أضربت عنه، وأعرضت عنه (وانصرف عنه)، وإنما تريد أن تراخي عنه وجاوزه إلى غيره. وتقول أخذت عنه حديثًا، أي عدا منه إلى حديث. وقد تقع (من) موقعها أيضًا، تقول: أطعمه من جوع وكساه من عرى وسقاه من العيمة.[1]

فالمجاوزة في كلام سيبويه تشمل بعد المجرور عن الشيء قبله وتشمل أيضًا بعد شيء عن المجرور فمثال الأول قوله: أطعمه عن جوع حيث أبعد

المجرور وهو الجوع بالإطعام، ومثال الثاني قوله: رميت عن القوس حيث أبعد فيه السهم عن المجرور وهو القوس.

ويرى ابن القيم أنها قد تأتي مرادًا بها المجاوزة حقيقة وقد ترتدي ثوب المجاز حينا آخر (وهي حقيقة في مجاوزة جرم عن جرم وتعديه عنه، ثم يستعمل في المعاني على طريق التشبيه، كقوله تعالى: (ومن أعرض عن ذكري فإن له معيشة ضنكا)[1] "شبه انصراف البصيرة عن تأمل ذكره بانصراف المجاوز عما يجاوزه"[2] وهناك موضعان من مشتبه النظم الكريم جاء أحدهما بـ(عن) والآخر بـ(بعد) مما يحتاج إلى بيان سر المغايرة بينهما.

الأنماط: -

(فيما نقضهم ميثاقهم جعلنا قلوبهم قاسية يحرفون الكلم عن مواضعه ونسوا حظًا مما ذكروا به)[3]

(ومن الذين هادوا سماعون للكذب سماعون لقوم آخرين لم يأتوك يحرفون الكلم من بعد مواضعه يقولون إن أوتيتم هذا فخذوه وإن لم تأتوه فاحذروه)[4]

---

(١) طه: آية (١٢٤).

(٢) ابن القيم – الفوائد المشوق إلى علوم القرآن ص ٤٠.

(٣) المائدة: آية (١٣).

(٤) المائدة: آية (٤١).

التحليل

هناك من ذهب إلى أن الآية الأولى نزلت في اليهود الذين حرفوا ما أنزل الله من كلامه من جهة التأويل والتنزيل، و(عن) في كلام العرب موضوعة لما عدا الشيء. وهم كانوا يعدلون بالكلم عن تأويله الذي له، وتنزيله الذي جاء إلى غيره مما هو باطل، والأصل في (عن) أن تكون لما جاوز الشيء إلى غيره ملاصقًا زمنه لزمنه، بخلاف (بعد) التي قد تكون لما تأخر زمانه عن زمانه بأزمنة كثيرة، أو بزمن واحد، لذلك جاءت (بعد) في الآية الثانية لأنها نزلت في قوم من اليهود أخبر الله تعالى عنهم بأنهم سماعون لما يقوله الرسول – صلى الله عليه وسلم – ليكذبوا عليه ويخبروا بخلاف ما قاله وينقلوا كلامه إلى آخرين لم يأتوه ويحتمل أن يكون تحريفهم الكلم بعد موت الرسول ليجعلوه على خلاف ما سمعوه[1]

ويرى آخرون أن الآية الأولى نزلت في أوائل اليهود وأريد بها التحريف الأول عند نزول التوراة، والثانية فيمن كانوا في زمن النبي – صلى الله عليه وسلم – أي حرفوها بعد أن وضعها الله مواضعها وعرفوها وعملوا بها زمنا فكأنه قال: من بعد ما عملوا به واعتقدوه وتدينوا به[2]

وذهب آخر إلى أنه (إذا فسرنا يحرفون الكلم عن مواضعه بالتأويلات الباطلة فيكون معنى قوله: (يحرفون الكلم عن مواضعه) أنهم يذكرون التأويلات الفاسدة لتلك النصوص، وليس فيه بيان أنهم يحرفون تلك اللفظة من

<hr>

(١) الإسكافي – درة التنزيل ص ٦٦، ٦٧.

(٢) انظر أسرار التكرار – الكرماني ص ١٠١، كشف المعاني – ابن جماعة ص ٨٧، ملاك التأويل – ابن الزبير ١/ ٣٧٧ – ٣٧٩، فتح الرحمن – زكريا الأنصاري ص ٢٤٠.

الكتاب أما قوله: (يحرفون الكلم من بعد مواضعه) ففيه دلالة على أنهم جمعوا بين الأمرين يعني أنهم كانوا يذكرون التأويلات الفاسدة وكانوا يحرفون اللفظة من الكتاب)[1]

وكل ما نقلناه كلام طيب لا بأس به غير أن ما قاله أبو حيان في بحره أجود وأكثر استلهامًا لمعاني الحروف. قال: (يظهر أنهما سياقان فحيث وصفوا بشدة التمرد والطغيان وإظهار العداوة واشترائهم الضلالة، ونقض الميثاق، جاء (يحرفون الكلم عن مواضعه)

ترى إلى قوله: (ويقولون سمعنا وعصينا)[2] وقوله: (فبما نقضهم ميثاقهم لعناهم وجعلنا قلوبهم قاسية يحرفون الكلم عن مواضعه)[3] فكأنهم لم يتركوا الكلم من التحريف عما يراد بها ولم تستقر في مواضعها، فيكون التحريف بعد استقرارها بل بادروا إلى تحريفها بأول وهلة. وحيث وصفوا ببعض لين وترديد وتحكيم للرسول في بعض الأمر جاء (من بعد مواضعه) ألا ترى إلى قوله تعالى: (يقولون إن أوتيتم هذا فخذوه وإن لم تؤتوه فاحذروه)[4] وقوله بعد: (فإن جاءوك فاحكم بينهم أو أعرض عنهم)[5] فكأنهم لم يبادروا بالتحريف بل عرض لهم التحريف بعد استقرار الكلم في مواضعها)[6]

---

(١) الخازن – لباب التأويل في معاني التنزيل م ٢/ ج ٢/ ٥٣، ٥٤.

(٢) النساء: آية (٤٦).

(٣) المائدة: آية (١٣).

(٤) المائدة: آية (٤١).

(٥) المائدة: آية (٤٢).

(٦) أبو حيان – البحر المحيط ٣/ ٦٦١، ٦٦٢.

الاستعلاء والانتهاء: -

قال أبو القاسم الزجاجي: (إلى) تكون لمنتهى غاية، كقول القائل (إنما أنا إليك أي أنت غايتي)[1] وذهب صاحب الإتقان إلى أن (إلى) حرف جر له معان أشهرها انتهاء الغاية زمانا نحو (أتموا الصيام إلى الليل)[2] أو مكانًا نحو (إلى المسجد الأقصى)[3] وغيرهما نحو (والأمر إليك)[4] أي منته إليك ولم يذكر لها الأكثرون غير هذا المعنى)[5] وقال المالقي (واعلم أن (إلى) وغيرها من حروف الجر التي تذكر في هذا الكتاب في أبوابها لا بدَّ لها مما تتعلق به أي مما هو متضمن لها ومستدع لها لطلب الفائدة واستقامة الكلام)[6]

وجاء في لسان العرب (إلى) حرف خافض وهو منتهٍ لابتداء الغاية تقول: خرجت من الكوفة إلى مكة، وجائز أن تكون دخلتها وجائز أن تكون بلغتها ولم تدخلها لأن النهاية تشمل أول الحد وآخره، وإنما تمنع مجاوزته. قال الأزهري: وقد تكون (إلى) انتهاء غاية كقوله عز وجل (ثم أتموا الصيام إلى الليل) وتكون (إلى) بمعنى (مع) كقوله تعالى: (ولا تأكلوا أموالهم إلى

---

(1) أبو القاسم الزجاجي - معاني الحروف ص ٦٥.

(2) البقرة: آية (١٨٧).

(3) الإسراء: آية (١).

(4) النمل: آية (٣٣).

(5) السيوطي - الإتقان ١ / ١٥٣.

(6) المالقي - رصف المباني من ١٦٧، ١٦٨.

أموالكم) [1] ابن سيده قال: (إلى) منتهٍ لابتداء الغاية[2]، وقد تعدى فعل الإنزال في الذكر الحكيم في كثير من المواضع تارة بـ(على) وتارة بـ(إلى).

الأنماط: -

(قولوا آمنا بالله وما أنزل إلينا وما أنزل إلى إبراهيم وإسماعيل وإسحاق ويعقوب والأسباط)[3]

(قل آمنا بالله وما أنزل علينا وما أنزل على إبراهيم وإسماعيل وإسحاق ويعقوب والأسباط)[4] { إنا أنزلنا إليك الكتاب بالحق}[5]{إنا أنزلنا عليك الكتاب للناس بالحق}[6]

التحليل: -

ذهب بعضهم إلى أن (أنزل) يتعدى بـ(إلى) إذا كان الخطاب عامًا للمسلمين وللرسول – ﷺ – فالقرآن ينزل إلى المسلمين لا عليهم لأن المنزل عليه حقيقة هو الرسول – ﷺ – وذلك ينطبق على الآية الأولى فقد صدرت بقوله (قولوا). ويتعدى بـ(على) إذا كان الخطاب خاصا بالرسول – ﷺ – لأن (على) مختص

---

(١) النساء: آية (٢)..

(٢) ابن منظور – لسان العرب مادة (إلى).

(٣) البقرة: آية (١٣٦).

(٤) آل عمران: آية (٨٤).

(٥) النساء: آية (١٠٥).

(٦) الزمر: آية (٢).

بجانب الفوق وهو مختص بالأنبياء وذلك كما في الآية الثانية فقد صدرت بقوله (قل)[1]

وقد رد الزمخشري هذا التعليل بقوله: (ومن قال إنما قيل (علينا) لقوله (قل) و(إلينا) لقوله (قولوا) تفرقة بين الرسول والمؤمنين لأن الرسول يأتيه الوحي على طريق الاستعلاء ويأتيهم على طريق الانتهاء فقد تعسف. ألا ترى إلى قوله (بما أنزل إليك)[2] (وأنزلنا إليك الكتاب)[3] وإلى قوله تعالى: (آمنوا بالذي أنزل على الذين آمنوا)[4] [5]

وقد حكى أبو حيان[6] عن الأصفهاني تعليلين المغايرة التعدية:

الأول: هو نفس ما ذكرناه سابقًا وقد ذكرنا رد الزمخشري إياه.

الثاني: قال: ويجوز أن يقال: أنزل عليه إنما على ما أمر المنزل عليه أن يبلغ غيره، وأنزل إليه على ما خص به في نفسه. وإليه نهاية الإنزال وعلى ذلك قال

---

(١) انظر أسرار التكرار – الكرماني ص٧٩، كشف المعاني – ابن جماعة ص٦٥، ملاك التأويل – ابن الزبير ٢٣٩/١، فتح الرحمن – زكريا الأنصاري ص١٦٧.

(٢) البقرة: آية (٤) والنساء: آية (١٦٢، ٦٠) والرعد: آية (٣٦).

(٣) النساء: آية (١٠٥) والمائدة: آية (٤٨) والعنكبوت: آية (٤٧) والزمر: آية (٢).

(٤) آل عمران: آية (٧٢).

(٥) الزمخشري – الكشاف ٢٠٠/١، ١٩٩.

(٦) أبو حيان – البحر المحيط ٢٤٩/٣.

أولم يكفهم أنا نزلنا عليك الكتاب يتلى عليهم)[1] وقال: (وأنزلنا إليك الذكر لتبين للناس ما نزل إليهم)[2] خص هنا بـ(إلى)، لما كان مخصوصًا بالذكر الذي هو بيان المنزل وهذا كلام في الأولى لا في الوجوب.

وقد رد بعضهم التعليل الثاني بقوله: (أما التعليل الثاني فهو منقوض كذلك بنصوص القرآن، مثل قوله تعالى: (يا أيها الرسول بلغ ما أنزل إليك من ربك)[3] وهو صريح القرآن، من في الأمر بتبليغ ما أنزل إليه ولو جرى على ما قاله الراغب لقال ما أنزل عليك ومثله قوله تعالى: (وإذا سمعوا ما أنزل إلى الرسول ترى أعينهم تفيض من الدمع)[4] وهو أكثر وضوحًا في الدلالة على أنهم سمعوا ما أمر بتبليغه ومع ذلك فقد عدي الفعل بـ(إلى)،[5] وقد ذكر الزمخشري توجيها وتابعه فيه الخازن – ولكنه لم يبين لنا فيه سر اختصاص موضع بـ(إلى) وآخر بـ(على) وكل ما فعله أن بين لنا أن الانتهاء والاستعلاء كليهما ٨٢/ ٣١ مل بهما. وإن كنا لسنا بحاجة إلى ذلك فوروده في القرآن يغني عن ذكره يقول: فإن (قلت) لم عدى أنزل في هذه الآية بحرف الاستعلاء وفيما تقدم من مثلها بحوف الانتهاء؟ (قلت) لوجود المعنيين جميعًا

---

(١) العنكبوت: آية (٥١).

(٢) النحل: آية (٤٤).

(٣) المائدة: (٦٧).

(٤) المائدة: (٨٣).

(٥) محمد الأمين الخضري – من أسرار الجر ص١٠٥، ١٠٤.

لأن الوحي ينزل من فوق وينتهي إلى الرسل فجاء تارة بأحد المعنيين وأخرى بالآخر[1].

وهناك من ذهب إلى أنه لا فرق بين المعدى بـ(إلى) والمعدى بـ(على) إلا باعتبار. فإن اعتبرت مبدأه عديته بـ(على) لأنه فوقاني وإن اعتبرت انتهاءه إلى من هو له عديته بـ(إلى) ويلاحظ أحد الاعتبارين تارة والآخر أخرى تفتنا بالعبارة.[2]

والقول باختلاف التعدية للتفنن في العبارة قول لا بأس به وهو من المقاصد التي يقصد إليها النظم ولا يمنع ذلك من وجود توجيه تؤيده وتسانده نصوص القرآن وهذا ما وجدناه عند الخطيب الإسكافي فقد تعرض للحديث عن تعدية الإنزال بـ(على) و(إلى) مرتين في كتابه.

الأولى: في سورة البقرة ولم يقل فيها أكثر مما نقلناه في أول توجيه[3] وقد تبين ما فيه.

الثانية: في سورة الزمر حين تساءل عن سر التعدية بـ(إلى) في قوله (إنا أنزلنا إليك الكتاب بالحق)[4] والتعدية بـ(على) في قوله تعالى: (إنا أنزلنا عليك الكتاب للناس بالحق)[5]

---

(١) الزمخشري - الكشاف ١٩٩/١، ٢٠٠، وانظر لباب التأويل - الخازن ٣٧٦/١.

(٢) الأنوسي - روح المعاني ٢١٥/٣.

(٣) الإسكافي - درة التنزيل وغرة التأويل ص ٢٦، ٢٥.

(٤) الزمر: آية (٢).

(٥) الزمر: آية (٤١).

قال الإسكافي – بعد أن أشار إلى توجيهه الأول –: (.. ثم كل موضع قيل فيه (أنزلنا إليك) فقد شدد فيه التكليف عليه ونزل منزلة أمته فيما يجب على عالمهم تبيينه لمتعلمهم كقوله في أول هذه السورة: (إنا أنزلنا إليك الكتاب بالحق فاعبد الله مخلصًا له الدين) فقد أمر بإخلاص العبادة، والمراد هو وأمته وكقوله (وأنزلنا إليك الذكر لتبين للناس ما نزل إليهم)[1] فكان المراد في المواضع التي استعملت فيها) إلى (أنه تناهى إلى حيث لا متعدٍ وراءه من عالم سنة مقصورة عليه، فكل موضع عدى فيه الإنزال بـ(على) فإن المراد به أنه شرفك وأعلى بذلك ذكرك لتؤدي ما عليك فتنذر وتبشر فمن قبل فحظه أصاب ومن أعرض فنفسه أوبق، ويكون فيه تهديد لمن ترك القبول كقوله تعالى: (الحمد لله الذي أنزل على عبده الكتاب)[2] ثم قال: (لينذر بأسًا شديدًا من لدنه ويبشر المؤمنين)[3] [4]

وقد تتبع بعضهم ما جاء في القرآن من مادة الإنزال فأحصى منها سبعة وعشرين موضعًا عديت بـ(على) ومثلها عديت بـ(إلى) ووجد ما يشبه ظاهرة عامة أن ما عدى بـ(على) تبدو فيها روح التكريم والتشريف للأنبياء والمواضع التي عدى فيها بـ(إلى) تبدو فيها روح الحث والاستنهاض وحدة

---

(1) النحل: آية (44).

(2) الكهف: آية (1).

(3) الكهف: آية (2).

(4) الإسكافي – درة التنزيل وغرة التأويل ص288، 287.

النبرة في الدعوة إلى التمسك بالمنزل والالتزام به وعدم الحيدة أو التفريط فيه[1].

اللام وحرف الانتهاء

يقول سيبويه عن اللام: (ولام الإضافة ومعناها الملك واستحقاق الشيء ألا ترى أنك تقول: الغلام لك والعبد لك فيكون في معنى معبودك وهو أخ لك فيصير نحو هو أخوك، فيكون مستحقًا لهذا كما يكون مستحقًا لما يملك، فمعنى هذه اللام معنى إضافة الاسم)[2] وهناك من ذكر لها معانٍ كثير من حروف الجر الأخرى فتكون مكان (إلى) قال الله تعالى: (الحمد لله الذي هدانا لهذا)[3] أي إلى هذا وقال: (ربنا إننا سمعنا مناديًا ينادي للإيمان)[4] أي إلى الإيمان وتكون مكان (على) وذلك قولك سقط الرجل لوجهه أي على وجهه. قال الله تعالى: (يخرون للأذقان سجدًا)[5]، أي إلى الأذقان... وتكون مكان (من) وذلك قولهم: سمعت لزيد صياحًا أي من زيد وتكون مكان (في) قال الله تعالى: (ونضع الموازين القسط ليوم القيامة)[6] أي في يوم القيامة)[7]

---

(١) محمد الأمين الخضري - من أسرار حروف الجر في الذكر الحكيم ص١٠٧.

(٢) سيبوية - الكتاب ٤/٢١٧.

(٣) الأعراف: آية (٤٣).

(٤) آل عمران: آية (١٩٣).

(٥) الإسراء: آية (١٠٧).

(٦) الأنبياء: آية (٤٧).

(٧) الهروي - الأزهية في علم الحروف ص٢٨٧.

وقد أرجع المرادي كل المعاني التي ذكرت للام إلى معناها الأصلي وهو الاختصاص يقول: (التحقيق أن معنى اللام في الأصل هو الاختصاص وهو معنى لا يفارقها وقد يصحبها معان أخر، وإذا تأملت سائر المعاني المذكورة وجدت راجعة إلى الاختصاص)[1] وقد غاير النظم الحكيم في بعض آياته بين (اللام) و(إلى) فيما اشتبه نظمه ومن ذلك.

الأنماط

(فوسوس لهما الشيطان)[2]

(فوسوس إليه الشيطان)[3]

التحليل: -

فرق بعضهم بين تعدي الفعل وسوس بـ(اللام) وتعديه بـ(إلى) حيث يقول: (فإن (قلت) كيف عدى وسوس تارة بـ(اللام) في قوله: (فوسوس لهما الشيطان) وأخرى بـ(إلى) ؟ قلت: وسوس له معناه لأجله، ومعنى وسوس إليه أنهي إليه الوسوسة كقوله: حدث إليه وأسر إليه)[4] وإلى ذلك أيضًا ذهب أبو حيان"[5]

---

[1] المرادي - الجني الداني ص ١٠٩.

[2] الأعراف: آية (٦).

[3] طه: آية (١٢٠).

[4] الزمخشري - الكشاف ٢/ ٤٥٠ (بتصرف).

[5] أبو حيان - البحر المحيط ٥/ ٢٢٤.

وإن كان الزمخشري وأبو حيان قد فرقا بين تعدي الفعل بـ(اللام) وتعديه بـ(إلى) إلا أنهما لم يبينا سر اختصاص كل موضع بما ذكر فيه وقد حاول غيرهما ذلك بقوله: (وكأنه عبر بـ(إلى) لأن المقام لبيان سرعة قبول هذا النوع للنقائص وإن انتهى من بعد، أو لأنه ما أنهى إليه ذلك إلا بواسطة زوجه لذلك عدي الفعل عند ذكرهما باللام)[1]

وهذا الذي ذهب إليه فيه نظر. فقوله: (إن هذا المقام لبيان سرعة قبول هذا النوع للنقائص) دعوى بغير دليل بل إن المتأمل للسياق يجد خلاف ما ذهب إليه فهذا السياق يستدعي ألا يستجيب آدم وزوجه للشيطان بسرعة فقد سبق ترهيب وترغيب من الله لهما انظر إلى قوله تعالى: (فقلنا يا آدم إن هذا عدو لك ولزوجك فلا يخرجنكما من الجنة فتشقى)[2]، والشقاء من أعظم ما يرهب الإنسان، وانتقاؤه عن الإنسان من أعظم الرغائب انظر إلى قوله تعالى: (فمن اتبع هداي فلا يضل ولا يشقى)[3] وقد تلا هذا الترهيب ترغيب - ولا نظير له في الأعراف وذلك قوله تعالى: {إن لك ألا تجوع فيها ولا تعرى، وأنك لا تظمؤ فيها ولا تضحى}[4]

---

(١) البقاعي - نظم الدرر ٥/ ٥٢.

(٢) طه: آية (١١٧).

(٣) طه: آية (١٢٣).

(٤) طه: آية (١١٩).

فكيف نقول بعد ذلك أن آدم – عليه السلام – قد استجاب لإبليس – لعنه الله – بسرعة. ولو كان الأمر كذلك لما احتاج إبليس – لعنه الله – أن يجمع لآدم عليه السلام الخلد والملك ليغويه.

وذهب بعضهم إلى أن آية الأعراف جاءت في سياق خال من التحذير الصريح لآدم من إغراء إبليس – لعنه الله – له مما جعل الشيطان يتسلل إلى أذن آدم مدعيًا النصح له والحرص عليه، وهو ما يستدعي اللام المشعرة باختصاصه بهذا النصح وهو ما تأكد في قسمه (إني لكما لمن الناصحين) [1]

أما آية طه فقد جاءت بعد أن حذر الله تعالى آدم تحذيرًا صريحًا بعدم الاستماع إلى إبليس، وكشف له عن عداوته له والزوجه ولما ينتويه من إخراجهما من الجنة، فلم يعد هناك مبرر الاستماع آدم له ومن ثم فقد جاءت (إلى) موجية بأن الشيطان قد احتال بوسائل خداعة الإيصال وسوسته إلى آدم ونجح في الوصول إلى هدفه)[2]

وهذا الكلام أيضًا فيه نظر فقوله: إن آية الأعراف جاءت في سباق خال من التحذير الصريح لآدم – عليه السلام – من إغراء إبليس لعنه الله – يقال له: وماذا تقول في قوله تعالى: (قال اخرج منها مذمومًا مدحورًا لمن تبعك منهم

---

(١) الأعراف: آية (٢١).

(٢) محمد الأمين الخضري من أسرار حروف الجر في الذكر الحكيم ص ٢٢٨، ٢٢٧.

لأملأن جهنم منكم أجمعين)[1]. ثم تأمل قوله تعالى قوله تعالى: (وناداهما ربهما ألم أنهكما عن تلكما الشجرة وأقل لكما إن الشيطان لكما عدو مبين)[2]

والتحرير ها هنا أن (وسوس لهما) تعني (وسوس إليهما) وقد ذهب إلى ذلك بعض المفسرين[3] وجاء في القاموس (وسوس له وإليه)[4] وقد مر بنا أن أهل اللغة قد أجازوا أن تكون اللام بمعنى (إلى)

وقد جاء ذلك في كلام العرب، قال الأسود بن يعفر النهشلي:

ولقد غدوت العازب متناذر أحوى المذاب مؤاق الرواد[5].

وقال عبد قيس بن خفاف: "وإذا تشاجر في فؤادك مرة أمرانِ فَاعْمَدُ للأعل الأجمل[6]"

ومما غاير فيه النظم أيضًا بين (اللام) و(إلى).

الأنماط:

(وسخر الشمس والقمر كل يجري لأجل مسمى)[7]

---

(١) الأعراف: آية (٨).

(٢) الأعراف: آية (٢٢).

(٣) انظر لباب التأويل –الخازن ٢١٦/٢، معالم التنزيل –البغوي –بهامش أباب التاويل ٢١٦/٢.

(٤) الفيروز زيادي –القاموس المحيط مادة (وس).

(٥) المفضل الضبي المفضليات من ٢١٩.

(٦) المصدر السابق من ٣٨٥.

(٧) فاطر: آية (١٣).

التحليل.

صرح بعضهم بأنه لم يظهر له وجه اختصاص موضع بتعدي الفعل بإلى وغيره باللام. [1] ونبه غيره على الفرق بين المعنيين بقوله: (فإن قلت (يجري لأجل مسمى) و(يجري إلى أجل مسمى) أهو من تعاقب الحرفين؟ (قلت) : كلا ولا يسلك هذه الطريقة إلا بليد الطبع ضيق العطن ولكن المعنيين أعني الانتهاء والاختصاص كل واحد منهما ملائم لصحة الغرض لأن قولك (يجري إلى أجل مسمى) (معناه يبلغه وينتهي إليه وقولك (يجري لأجل مسمى) تريد يجري لإدراك أجل مسمى تجعل الجري مختصًا بإدراك أجل مسمى ألا ترى أن جري الشمس مختص بآخر السنة وجري القمر مختص بآخر الشهر فكلا المعنيين غير نابه به موضعه)[2]

وبنحو من هذا قال أبو حيان (إلى أجل) ويدل على الانتهاء أي: يبلغه وينتهي إليه. وفي الزمر: (لأجل) ويدل على الاختصاص يجعل الجري مختصًا بإدراك أجل مسمى وجوي الشمس مختص بآخر السنة وجري القمر بآخر الشهر فكلا المعنيين متناسب)[3]

ولكن هناك من حاول أن يوضح سر اختصاص كل موضع بما ذكر فيه فها هو ذا زكريا الأنصاري يرى أن آية لقمان وقعت بين آيتين دالتين على غاية ما

---

(١) الأوسي –روح المعاني ١٠٣/٢١.

(٢) الزمخشري –الكشاف ٢١٦/٣.

(٣) أبو حيان –البحر المحيط ٤٤٢/٨.

ينتهي إليه الخلق وهما قوله تعالى: (ما خلقكم ولا بعثكم إلا كنفس واحدة)[1] وقوله تعالى (اتقوا ربكم واخشوا يومًا)[2] فناسب ذكر (إلىٰ) الدالة علىٰ الانتهاء وخلت فاطر والزمر من ذلك فلم يذكر في فاطر ابتداء الخلق ولا انتهائه، وفي الزمر ذكر ابتداءه فناسب ذكر اللام المعدية. والمعنىٰ يجري.

كل مما ذكر لبلوغ أجله.

ويرى آخر أن الكلام في آية لقمان قد طال مناسبه الجر بـ(إلى) فقد سبقها التنبيه على الاعتبار بها بقوله تعالى: (ألم ترى أن الله يولج الليل في النهار)[3] ثم قال: (وسخر الشمس والقمر)[4] فعطف بواو النسق المقتضية الجمع فدخل هذا مع ما قبله تحت حكم التنبيه بقوله (ألم تر) فطال الكلام. أما آيتا فاطر والزمر فقد بنينا على إيجاز ليس في آية لقمان فناسبها الجر باللام اكتفاء بما يحرز المعنى المقصود ويناسب التركيب..

وقال صاحب الدرة: إن معنى قوله: (يجري لأجل مسمى) يجري لبلوغ أجل مسمى وقوله (يجري إلى أجل) معناه لا يزال جاريا حتى ينتهي إلى آخر وقت جريه المسمى له وإنما خص ما في سورة لقمان بـ(إلى) التي للانتهاء و(السلام)

---

(١) لقمان: آية (٢٨).

(٢) لقمان: آية (٣٣).

(٣) زكريا الأنصاري - فتح الرحمن ص ٤٨٦.

(٤) لقمان: آية (٢٩).

تؤدي نحو معناها؛ لأنها تدل على أن جريها لبلوغ الأجل المسمى لأن الآيات التي تكتنفها آيات منبهة على النهاية والحشر والإعادة فقبلها (ما خلقكم ولا بعثكم إلا كنفس واحدة)[1] وبعدها (يا أيها الناس اتقوا ربكم واخشوا يومًا لا يجزي والد عن ولده) فكان المعنى كل يجري إلى ذلك الوقت وهو الوقت الذي تكور فيه الشمس وتنكدر فيه النجوم كما أخبر الله تعالى. وسائر المواضع التي ذكرت فيها (اللام) إنما هي في الإخبار عن ابتداء الخلق وهو قوله: (خلق السماوات والأرض بالحق يكور الليل على النهار ويكور النهار على الليل وسخر الشمس والقمر كل يجري لأجل مسمى ألا هو العزيز الغفار. خلقكم من نفس واحدة ثم جعل منها زوجها)[2] فالآيات التي تكتنفها في ذكر ابتداء خلق السماوات والأرض وابتداء جري الكواكب وهي إذ ذاك تجري لبلوغ الغاية وكذلك قوله في سورة الملائكة إنما هو في ذكر النعم التي بدأ بها في البر والبحر إذ يقول: (وما يستوي البحران)[3] إلى قوله: (ولعلكم تشكرون يولج الليل في النهار ويولج النهار في الليل وسخر الشمس والقمر كل يجري لأجل)[4]

---

(١) لقمان: آية (٢٩) لقمان: آية (٢٨) الزمر: آية (٦٠٥).

(٢) ابن الزبير - ملاك التأويل ٢/ ٩٤٣، ٩٤٤.

(٣) لقمان: آية (٣٨).

(٤) فاطر: آية (١٢).

(مسمى ذلكم الله ربكم له الملك والذين تدعون من دونه ما يملكون من قطمير)[1] فاختص ما عند ذكر النهاية بحرفها واختص ما عند الابتداء بالحرف الدال على المهلة التي يقع الفعل من أجلها.[2]

قوله إن معنى قوله: (يجري لأجل مسمى) يجري لبلوغ أجل مسمى ثم قال وسائر المواضع التي ذكرت فيها (اللام) إنما هي في الإخبار عن ابتداء الخلق. فيه نظر.

فكيف يقول في قوله تعالى: (هو الذي خلقكم من تراب ثم من نطفة ثم من علقة ثم يخرجكم طفلًا ثم لتبلغوا أشدكم ثم لتكونوا شيوخًا ومنكم من يتوفى من قبل ولتبلغوا أجلًا مسمى)[3] فهذا في معنى (لأجل مسمى) لأنه قال (ولتبلغوا أجلًا) وهو قول الخطيب إن معنى (لأجل مسمى) لبلوغ أجل ومع ذلك فليس هذا الإخبار عن ابتداء لأنه أيضًا موضع إخبار عن الاثناء، وموضع إخبار عن الانتهاء فإنه ذكر الأطوار كلها حتى الموت: ذكر التراب والنطفة والعلقة والطفولة والشباب والشيخوخة والموت. فلا يمكن أن يقال: إن هذا إخبار عن ابتداء الخلق لأنه يمكن أن يقال بالعكس، وقوله: فاختص ما عند ذكر النهاية بحرفها وحرفها (إلى) فقد ذكر ها هنا النهاية.

---

(١) فاطر: آية (١٢ و١٣).

(٢) الإسكافي - درة التنزيل ص ٢٦٩، ٢٧٠.

(٣) غافر: آية (٦٧).

وهي الشيخوخة أو الموت ومع ذلك لم يعبر بحرفها. وتأمل قوله تعالى عن يوم القيامة: (وما نؤخره إلا لأجل معدود)[1]، فهل قوله (نؤخره) يناسب الانتهاء أم الابتداء؟ لا شك يناسب الانتهاء ومع ذلك صرف معه (اللام) دون حرف النهاية ومثله قوله تعالى: (إنما يؤخرهم ليوم تشخص فيه الأبصار)[2]، وليس ها هنا ابتداء أصلًا ولا ما في معناه حتى نقول قضى بالحرف الذي يناسب الابتداء وهو اللام.

وقوله تعالى: (ما خلقكم ولا بعثكم إلا كنفس واحدة)[3] آية منفصلة لا علاقة لها بما بعدها؛ فإنه ابتدأ التي تليها بداية فاصلة فقال تعالى: (ألم تر أن الله يولج الليل في النهار)[4] ثم إن قوله تعالى: (ما خلقكم ولا بعثكم) ذكر فيه البداية التي تناسب (اللام) والنهاية التي تناسب (إلى) على قولهم فلا يصح موطنًا للاستدلال، لم هو من بعد ذلك لا يتكلم عن الأجل وبلوغه إنما يتكلم عن قدرة الله في كون ابتدائهم وانتهائهم جميعًا كابتداء نفس واحدة وانتهائها. ثم انتقل إلى الحديث عن نوع آخر من القدرة، وهو جريان الليل والنهار والشمس والقمر إلى أجل مسمى.

---

(١) هود: آية (١٠٤).

(٢) إبراهيم: آية (٤٢).

(٣) لقمان: آية (٢٨).

(٤) لقمان: آية (٢٩).

والذي يظهر يتتبع الآيات أن يقال: سعي هذه المخلوقات كلها ليس سعيًا عشوائيا بل له ابتداء وله انتهاء، وانتهاؤه عند أجل مسمى عنده سبحانه لا يعلمه إلا هو. فالحديث بـ(إلى) يشير إلى هذه المدة المحدودة، أما قوله تعالى: (لأجل) فالحديث فيه يشير إلى غاية الوصول ونهاية كل شيء ومحاسبة كل نفس وكان كل شيء يعيش لموته ويسعى لحتفه، فالإشارة ها هنا ليوم الحساب هذا على تفسير من فسر الأجل المسمى بيوم القيامة.

وقد يكون الكل واحدًا لأنه لا فرقان بين، وقد جاءت (إلى) لتفيد ما أفادته (السلام) في كلام العرب كقول زهير[1]:

تزود إلى يَوْمِ المَمَاتِ فَإِنَّهُ   ولو كَرِهَتْهُ النَّفْسُ أُخِّر مَوْعِدِ.

وكذا قول أبي ذؤيب:

فَرَمَى لِيُنْقِذَ فَرَّهَا فَهَوَى لَهُ   سَهُمْ فَأَنْفَذَ طُرَّتَيْهِ المِنْزَعُ

ومن ذلك أيضًا:

الأنماط

(حتى إذا أقلت سحابًا ثقالًا سقناه لبلد ميت)[2]

(والذي أرسل الرياح فتثير سحابًا فسقناه إلى بلد ميت)[3]

---

[1] الإمام أبو العباس أحمد بن يحيى بن زيد الشيباني ثعلب – شرح ديوان زهير ص ٢٣٦ المفضل الضبي – المفضليات ص ٤٢٧.

[2] الأعراف: آية (٥٧).

[3] فاطر: آية (٩).

التحليل:

عدى الفعل (ساق) في الآية الأولى بـ(اللام) وعدى في الثانية بـ(إلى) وقد ذهب بعضهم إلى أن هذه المغايرة من قبيل التناسب اللفظي، حيث إن آية الأعراف جاء فيها الفعل غير مسبوق بفاء التعقيب، أما آية فاطر فقد جاء مقترنًا بفاء التعقيب فقابل الإيجاز في آية الأعراف بالإيجاز مؤثرًا (اللام) وهي حرف واحد وقابل الإسهاب في آية فاطر بالإسهاب فجاء بـ(إلى) وهي على ثلاثة أحرف..

ولا يخفى ما في هذا التوجيه، فإذا كان يقول: إن آية فاطر فيها إسهاب لأن الفعل فيها قد اقترن به فاء التعقيب، فعلى هذا الرسم المنظور نقول وآية الأعراف فيها إسهاب، كذلك فقد وصف السحاب فيها بقوله (ثقالًا) وهذا غير موجود في آية فاطر. وهناك من يرى أن (اللام) للاختصاص و(إلى) لانتهاء الغاية وأرجع سبب المغايرة لاختلاف السياق الذي وردت فيه كل آية فآية الأعراف (جاءت في سياق يستدعي إرسال الله تعالى الرياح لسقي قوم استجابة لدعائهم وصلاحهم بين يدي رحمته.)[1] أما آية فاطر فقد وقعت في سياق ملتهب بالوعيد والتهديد للكافرين والضالين من منكري البعث، وكأنما جاءت لإثبات قدرة الله على إحياء خلقه ووصول يد القدرة الإلهية إلى كل ميت يظن استحالة جمع أشلائه وبعث الحياة فيه، كما تصل الرياح الحاملة للسحاب بإذن الله فتنزل ماءها في أي مكان من أرض الله تشاء حكمته أن

---

(١) محمد الأمين الخضري – من أسرار حروف الجر في الذكر الحكيم ص ٢٣١.

يحييه بعد طول موات فجاءت (إلى) مشيرة إلى نهاية رحلة الرياح ونهاية موت الأرض.. وليس هناك حرف يبرز هذا الغرض ويستجيب لهذا الداعي غير حرف الانتهاء.[1]

وهذا الذي ذهب إليه نظر فيه فقوله: (أما آية فاطر فقد وقعت في سياق ملتهب) نقول: إن المتأمل في هذا السياق لا يجد منه ما يهيئ القول بأنه سياق ملتهب بالوعيد والتهديد بل إن سياق الآيات من أول السورة إلى هذه الآية سياق معتدل بين الخوف والرجاء بحيث لا يمكنك تغليب أحدهما على الآخر يقول تعالى: (ما يفتح الله للناس من رحمة فلا ممسك لها وما يمسك فلا مرسل له من بعده)، (يا أيها الناس اذكروا نعمة الله عليكم)[2] (الذين كفروا لهم عذاب شديد والذين آمنوا وعملوا الصالحات لهم مغفرة وأجر كبير)[3] (فإن الله يضل من يشاء ويهدي من يشاء)[4] فأين هذا السياق الملتهب؟ وإذا كان هو قوله: (الذين كفروا لهم عذاب شديد)[5] فلقائل أن يقول وأيضًا فقد وقعت الآية في سياق الرحمة والمغفرة (والذين آمنوا وعملوا الصالحات لهم مغفرة وأجر كبير)[6]

---

(١) المصدر السابق ص ٢٣١، ٢٣٢.

(٢) فاطر: آية (٢).

(٣) ابن الزبير – ملاك التأويل ١/ ٥٠٧، ٥٠٨.

(٤) فاطر: آية (٣).

(٥) فاطر آية (٧).

(٦) فاطر آية (٧).

ويرى الباحث أن قوله: (وكأنها جاءت لإثبات قدرة الله تعالى على إحياء خلقه ووصول يد القدرة الإلهية إلى كل ميت) فيه نظر. فيقال والأخرى كذلك بدليل قوله تعالى آخرها: (كذلك نخرج الموتى لعلكم تذكرون) [1] (وذلك لأن أصل التذكر في هذا النوع هو أن الأرض الميتة أحياها الله فهذا منبت الذكرى وعنصره كما قال تعالى: (وآية لهم الأرض الميتة أحييناها)[2] يقول كما أحيينا الأرض بعد موتها فإنا محيوكم فلا يمكن سلب هذا المعنى أو تضعيفه في آية دون أخرى بل هو هنا قائم بإثبات قدرة الله على إحياء الموات وهناك أيضًا بهذه الصفة.

وقوله عن آية الأعراف إنها جاءت في سياق يستدعي إرسال الله تعالى الرياح لسقي قوم استجابة لدعائهم وصلاحهم، فهذا هو صرف للآية عن معناها الذي أنزلت لأجله أما قوله تعالى: (ادعوا ربكم تضرعًا وخفية)[3] فلا علاقة له بإنزال المطر وإحياء الأرض بعد موتها بل هو أدبٌ أدَّب الله به عباده كما روى الإمام أحمد في مسنده (أن سعد بن أبي وقاص سمع ابنًا له يدعو وهو يقول اللُّهم إني أسألك الجنة ونعيمها واستبرقها ونحوًا من هذا، وأعوذ بك من النار وسلاسلها وأغلالها فقال: لقد سألت الله خيرًا كثيرًا وتعوذت من شر كثير وإني سمعت رسول الله – صلى الله عليه وسلم – يقول إنه سيكون

---

[1] الأعراف: آية (٥٧).

[2] يس: آية (٣٣).

[3] الأعراف: آية (٥٥).

قوم يعتدون في الدعاء وقرأ هذه الآية: (ادعوا ربكم تضرعًا وخفية إنه لا يحب المعتدين)[1] وأيضًا فقوله: (وادعوه خوفًا وطمعًا)[2] ليس واردًا في الاستسقاء ولكنه كما قال ابن كثير: (أي خوفًا مما عنده من وبيل العقاب وطمعًا فيما عنده من جزيل الثواب)[3] كما قال تعالى عن عباده المؤمنين (تتجافى جنوبهم عن المضاجع يدعون ربهم خوفا وطمعا)[4] ويدل عليه قوله آخر الآية: (إن رحمة الله قريب من المحسنين)[5]

والمتأمل لسياق آية الأعراف يجد أنه أبلغ في وصف القدرة الإلهية من آية فاطر – خلافًا لما ذهب إليه صاحب الرأي السابق – بدليل قوله تعالى: (والبلد الطيب يخرج نباته بإذن ربه والذي خبت لا يخرج إلا نكدا) فالآية الأولى أدركت بها قدرة الله على إحياء موات الأرض وبالتي تليها نثبت نوعًا آخر من القدرة، وهو أن البلد الطيب وهي الأرض الطيبة يخرج نباته سريعًا حسنًا، والأرض الخبيثة إنما يخرج نباتها موافقًا لها خبيثًا نكدًا وهذا مما لا تصيبه من آية فاطر، ونوع ثالث من أنواع القدرة تصيبه ها هنا وهو ما رواه على بن أبي طلحة عن ابن عباس في هذه الآية قال: (هذا مثل ضربه الله

---

(١) مسند الإمام أحمد – من سند أبي إسحاق سعد بن أبي وقاص رضي الله عنه ١ / ١٧٢.

(٢) الأعراف: آية (٥٦).

(٣) ابن كثير – تفسير القرآن العظيم ٢ / ٢٣١.

(٤) السجدة: آية (١٦).

(٥) الأعراف: آية (٥٦).

للمؤمن والكافر)[1] ويؤيده ما رواه البخاري ومسلم من حديث أبي موسى الأشعري عن النبي – صلى الله عليه وسلم – قال: (مثل ما بعثني الله به من الهدى والعلم كمثل الغيث الكثير أصاب أرضًا فكان منها نقية قبلت الماء فأنبتت الكلأ والعشب الكثير، وكانت منها جانب أمسكت الماء فنفع الله بها الناس فشربوا منها وسقوا وزرعوا وأصاب طائفة منها أخرى، إنما هي قيعان لا تمسك ماء ولا تنبت كلأ فذلك مثل من فقه في دين الله ونفعه ما بعثني الله به من علم وعلم ومثل من لم يرفع بذلك رأسًا ولم يقبل هدى الله الذي وهذا هو تمام القدرة. يحيى الأرض بعد موتها ويخص كل أرض بما يناسبها ثم يقال أرسلت به) [2]

كما أنه يحيي الأرض بعد موتها فكذلك النشور وكما أنه يخص كل أرض بما يلائمها فكذلك قلوب العباد ما كان منها طيبًا يخرج فعله طيبًا وما كان منها خبيثًا يخرج فعله نكدًا.

ولعل الأولى أن يقال أن قوله تعالى: (سقناه لبلد ميت)[3] يفيد اختصاص هذا البلد بهذا السحاب فينزل مطرًا ليحيي الأرض بعد موتها أما قوله: (سقناه إلى بلد) فيفيد وصول الماء إلى تلك البلاد، ومن البلاد بلاد لا يصلحها ماء المطر

---

(١) ابن كثير – تفسير القرآن العظيم ٢/ ٢٣١.

(٢) البخاري – كتاب العلم – باب فضل من علم وعلم، وانظر الألباني – صحيح الجامع الصغير ٢/ ١٠١٩.

(٣) الأعراف: آية (٥٧).

المتنزل عليها إنما تصلح بما يأتيها من ماء السيول مساقًا إليها في أنهار، كما قال ابن كثير عند تفسيره قوله تعالى: (أو لم يروا أنا نسوق الماء إلى الأرض الجرز... قال: (وليس المراد من قوله إلى الأرض الجرز أرض مصر فقط بل هي بعض المقصود وإن مثل بها كثير من المفسرين فليست هي المقصودة وحدها ولكنها مرادة قطعًا من هذه الآية، فإنها في نفسها أرض رخوة غليظة تحتاج من الماء ما لو نزل عليها مطرًا لتهدمت أبنيتها فيسوق الله تعالى إليها النيل بما يتحمله من الزيادة الحاصلة من أمطار بلاد الحبشة وفيه طين أحمر فيغشى أرض مصر، وهي أرض سبخة مرملة محتاجة إلى ذلك الماء وذلك العين أيضًا لينبت الزرع فيه فيشتغلون كل سنة على ماء جديد مسطور في غير بلادهم وطين جديد من غير أرضهم، فسبحان الحكيم الكريم المنان المحمود أبدًا)(١)

____

(١) ابن كثير – تفسير القرآن العظيم ٣/ ٤٧٢.

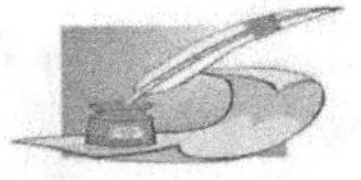 

المبحث الثالث
حروف العطف (الواو وثـم)

المبحث الثالث: حروف العطف (الواو وثم)

يقول صاحب الكتاب عن الواو (هذا باب ما أشرك بين الاسمين في الحرف الجار فجريا عليه كما أشرك بينهما في النعت فجريا على المنعوت، وذلك قولك: مررت برجل وحمار قبل: فالواو أشركت بينهما في الباء فجريا عليه، ولم تجعل للرجل منزلة بتقديمك إياه يكون بها أولى من الحمار كأنك قلت: (مررت بهما) فالنفي في هذا أن تقول: ما مررت برجل وحمار، أي مررت بهما وليس في هذا دليل على أنه بدأ بشيء قبل شيء ولا بشيء مع شيء، لأنه يجوز أن تقول مررت بزيد وعمرو والمبدوء به في المرور عمرو ويجوز أن يكون زيدًا ويجوز أن يكون المرور وقع عليهما في حالة واحدة. فالواو تجمع هذه الأشياء على هذه المعاني)[1]

(وهي لمطلق الجمع، قال السيرافي: أجمع النحويون واللغويون من البصريين والكوفيين على أن الواو للجمع من غير ترتيب)[2] وهذا الذي ذكرناه قول أكثر أهل العلم: من النحاة وغيرهم، وليس بإجماع كما قال السيرافي، بل روي عن بعض الكوفيين أن الواو للترتيب وأنه أجاب عن هذه الآية – يقصد قوله: (ما هي إلا حياتنا الدنيا نموت ونحيا)[3] بأن المراد يموت كبارنا وتتولد صغارنا فنحيا، وهو بعيد، ومن أوضح ما يرد عليهم قول العرب اختصم زيد

---

(١) سيبويه – الكتاب ١ / ٤٣٧، ٤٣٨.

(٢) ابن هشام – قطر الندى ٣٠١.

(٣) الجاثية: آية (٢٤) المصدر السابق ٣٠٢.

وعمرو وامتناعهم من أن يعطفوا في ذلك بالفاء أو بثم، لكونهما للترتيب فلو كانت الواو مثلهما لامتنع ذلك معها هذا عن (الواو) أما (ثم) فيرى إمام النحاة أنها تمتاز عن الواو بالترتيب والمهلة وعن الفاء بدلالتها على التراخي (فإذا قلت: مررت برجل راكب وذاهب استحقهما، لا لأن الركوب قبل الذهاب، ومنه: مررت برجل راكب فذاهب استحقهما إلا أنه بين أن الذهاب بعد الركوب وأنه لا مهلة بينهما وجعله متصلًا به. ومنه مررت برجل راكب ثم ذاهب، فبين أن الذهاب بعده وأن بينهما مهلة وجعله غير متصل به قصيره على حدة)(١)

ويرى أن العطف بـ(ثم) يهدف إلى تفصيل المسند بخلاف العطف بالواو والفاء فإنه يهدف إلى تفصيل المسند إليه، فإن قلت: مررت برجل ثم أمراة فالمرور هنا مروران وجعلت (ثم) الأول مبدوءًا به وأشركت بينهما في الجر)(٢)

وقال المرادي (ثم) حرف عطف يشرك في الحكم، ويفيد الترتيب بمهلة فإذا قلت: قام زيد ثم عمرو، آذنت بأن الثاني بعد الأول بمهلة.(٣)

الأنماط:

{لأقطعن أيديكم وأرجلكم من خلاف ثم لأصلبنكم أجمعين}(٤)

---

(١) سيبويه – الكتاب ١ / ٤٢٩.

(٢) المصدر السابق ١ / ٤٣٨.

(٣) المرادي – الجنى الداني ص ٤٢٦.

(٤) الأعراف: آية (١٢٤).

{فلأقطعن أيديكم وأرجلكم من خلاف ولأصلبنكم في جذوع النخل}[1]

{لأُقطعن أيديكم وأرجلكم من خلاف ثم لأصلبنكم أجمعين}[2]

التحليـل : -

في الآية الأولى عطف التصليب على التقطيع بـ(ثم) وعطفه في طه والشعراء بالواو. وقد وجه صاحب البحر المحيط هذه المغايرة بين العاطفين بقوله: (وجاء هنا (ثم) في السورتين (ولأصلبنكم) بالواو فدل على أن الواو أريد بها معنى (ثم) من كون الصلب بعد القطع. والتعدية قد يكون معها مهلة وقد لا يكون)[3] فهو يرى أن الواو جاءت على أحد محتملاتها وهو كون ما بعدها مؤخرا عما قبلها أي أنها أفادت الترتيب.

وهناك من نظر إلى أسبقية النزول وأن موضع (الواو) تصلح له (ثم) يقول: قوله: (ثم لأصلبنكم) وفي السورتين (ولأصلبنكم) لأن (ثم) تدل على أن الصلب يقع بعد التقطيع، وإذا دل في الأولى علم في غيرها ولأن موضع الواو تصلح له وثم)[4]

وذهب صاحب المنار إلى أنه لا تعارض بين العاطفين فالعطف بالواو أشمل من العطف بـ(ثم) وغاية الأمر أن العطف بـ(ثم) أفاد معنًى خاصًا، وهو ما

---

(١) طه: آية (٧١).

(٢) الشعراء: آية (٤٩).

(٣) أبو حيان – البحر المحيط ٥/ ١٤١.

(٤) الكرماني – أسرار التكرار ١٢٩.

تدل عليه (ثم) من التراخي في الزمن أو الرتبة وكلاهما جائز هنا، فقد يفيد قوله (ثم لأصلبنكم) أن التصليب سيتأخر عن التقطيع في الزمن أو قد يفيد أن التصليب نوع آخر ومرتبة ثانية من التنكيل بهم[1]، ويرى آخر أن سبب المغايرة بين العاطفين يرجع إلى البسط والاختصار في القصة يقول: (السورتان اللتان جاءت الواو فيهما بهذا اللفظ هما المبنيتان على الاقتصاص الأكثر والبسط الأوسع، والواو أشبه بهذا المعنى لأنه يجوز أن يكون ما بعدها ملاصقًا لما قبلها، كالتعقيب الذي يفاد بالفاء ويجوز أن يكون متراخيًا عنه كالمهلة التي تفاد بـ(ثم) لا بل يجوز أن يكون ما بعدها مقدمًا على ما قبلها ومجامعًا لها إذ هي موضوعة للجمع ولا ترتيب فيها، فكانت الواو أشبه بهذين المكانين و(ثم) تختص بأحد المواضع التي يصلح الواو لجمعها، فلما كانت مقتصرًا بها على بعض ما وضعت له الواو استعملت حيث اختصرت الحال فاقترن بكل من المكانين ما كان أليق بالمقصود فيه)[2]

وقوله: إن الواو تناسب البسط في القصة لأنها تدل على أكثر من معنى بخلاف (ثم) التي تختص بأحد مواضع الواو. يقال: إن الواو وإن كانت تدل على أكثر من معنى فإنها في الآيتين لم تصب إلا معنى واحدًا من ذلك وهو ما دلت عليه ثم في الآية الأخرى وهو ما اختاره أبو حيان كما تقدم ذكره. ويرى ابن الزبير أنه لما تقدم في الأعراف تهويل الواقع من فعل السحرة وموقعه من

____

(١) محمد رشيد رضا – تفسير المنار ٩/٦٥.

(٢) الإسكافي – درة التنزيل ١٣٦.

نفوس الحاضرين، ولذلك أنس سبحانه نبيه موسى – عليه السلام – بقوله: (لا تخف إنك أنت الأعلى)[1] ووقع التعبير عما ذكرنا بقوله: (واسترهبوهم وجاؤوا بسحر عظيم)[2] فناسبه رعيًا لفظيًا وتقابلا نظميًا تهويل ما توعدهم به فرعون، فعطف بـ(ثم) لتحرز ما قصد فرعون من تعظيم موقع ما توعدهم به ثانيًا، في قوله: (لأصلبنكم) عليهم. وأيضًا فإن فرعون وملأه حين رأوا ما جاءت به السحرة ووقع منهم موقعًا أطمعهم وتعلق به رجاؤهم ثم لما وقع ما أبطله وأوضح كيدهم فيه وباطلهم الخيالي. وجد الملأ لذلك واستشعر فرعون ما حلى به وبملئه. فهول في توعدهم ومقاله تجلدًا وتصبرًا أو تعزية لنفسه عما نزل به فأرعد وأبرق في تهويله ما توعد به السحرة فقال: (ثم لأصلبنكم) فقد تناسب المتقابلان لفظًا ومعنى، ولما ضم الواقع في سورة الشعراء لم يحتج إلى هذا الرعي فعطف بالواو)[3]

ومما غاير فيه النظم أيضًا بين (ثم) و(الواو) ما يلي:-

الأنماط:

(هو الذي خلقكم من نفس واحدة وجعل منها زوجها ليسكن إليها)[4]

(خلقكم من نفس واحدة ثم جعل منها زوجها......)[5]

---

(١) طه: آية (٦٨).

(٢) الأعراف: آية (١١٦).

(٣) ابن الزبير – ملاك التأويل ١/ ٥٧٥، ٥٧٦.

(٤) الأعراف: آية (١٨٩).

(٥) الزمر: آية (٦).

التحليل : -

للعلماء في توجيه مجيء (ثم) في آية الزمر ثلاثة أقوال : -

الأول : يجعل (ثم) للتراخي الزمني يقول صاحبه : (وأما الجواب عن السؤال الثالث وهو زيادة (ثم) في سورة الزمر فلما قصد من الامتنان والأنعام على هذا الجنس الآدمي، ولتفاوت ما بين الآيتين العجيبتين من خلق الصنف الإنساني من شخص واحد وخلق زوجه منه، فجيء بـ (ثم) المنبهة على معنى الاعتناء بذكر ما عطف بها والتأكيد لشأنه، للمزية على المعطوف عليه، القائمة مقام التراخي في الزمان)[1]

وقد عقب أحدهم على هذا التوجيه بقوله : (والحق أنني لا أجد في هذا التعليل مقنعًا فمقام الامتنان والأنعام بالواو ألصق، لأن الغرض منه هو تعديد النعم لا إبراز التفاوت بينها التعديد أثير الواو من بين حروف العطف)[2]

الثاني : يجعل (ثم) للتراخي في الحال والمنزلة لا التراخي الزمني، فإن قلت ما وجه قوله :

(ثم جعل منها زوجها) وما يعطيه من معنى التراخي قلت : هما آيتان من جملة الآيات التي عددها دالًّا على وحدانيته، وقدرته، تشعيب هذا الخلق الفائت للحصر من نفس آدم وخلق حواء من قصيريه، إلا أن أحدهما جعلها الله

---

(١) ابن الزبير – ملاك التأويل ١ / ٣٣١.

(٢) محمد الأمين الخضري – من أسرار حروف العطف في الذكر الحكيم ٢١٧.

عادة مستمرة والأخرى لم يجر بها العادة، ولم تخلق أنثى غير حواء من قصيري رجل، فكانت أدخل في كونها آية وأجلب لعجب السامع فعطفها بـ(ثم) على الآية الأولى للدلالة على مباينتها لها فضلًا ومزية وتراخيها عنها فيما يرجع إلى زيادة كونها آية، فهو من التراخي في الحال والمنزلة لا من التراخي في الوجود)[1]

الثالث: جمع لـ (ثم) التراخي الزمني والتراخي الرتبي ويرجع المغايرة بين الحرفين إلى السياق الذي وردت فيه كل آية. يقول صاحبه عن آية الأعراف: ولما كان آدم – عليه السلام – بعد صيرورته لحمًا ودمًا أقرب إلى السببية لخلق ذات لحم ودم منه، قال: مصيرا بالواو لأنه كاف في نفي الشرك الذي السياق للتحذير منه بخلاف الزمر فإنه للقهر وتأخير المسببات عن الأسباب مدة أدل عليه لأنه خلاف الأصل)[2] وعند تعرضه لآية الزمر قال إن ثم تدل على التراخي في الرتبة أيضًا بأن ذلك لكونه شديد المباينة لأصله من أعجب العجب) [3] وهناك تحرير للآيتين يربط بين دلالة كل حرف وانسجامه مع المقام الذي ورد فيه (في سورة الأعراف كان الغرض من العطف بيان نعمة التكاثر إبقاء على الجنس، والتي هيأ لها بما أودعه في نفس الإنسان من ميل فطري بين النوعين، ليكون التناسل إرادة إلهية قادرة. يندفع إليها الإنسان

---

(١) الزمخشري – الكتاف ٣/ ٣٣٩..

(٢) البقاعي – نظم الدرر ٣/ ١٦٧، ١٦٨.

(٣) المصدر السابق ٦/ ٤٢١.

بحكم غريزته وسكن الرجل إلى زوجته، وذلك في معرض حكاية نشأة الخلق. ومثل هذا المقام الذي يبرز التقارب وشدة الائتلاف، ينافيه (ثم) بدلالتها على التفاوت والبعد)[1]، وناسبها الواو التي تدل على التقارب. أما آية الزمر فالمقام فيها مقام الإدلال بقدرة وإبداع الصانع – سبحانه – توصلا إلى الإقرار بعظمته سبحانه وذلك ردًا على من ادَّعوا لله شريكًا ونسبوا إليه الولد فساق لهم الله من عجائب قدرته وصنعته ما يشهد بتفرده سبحانه وعدم احتياجه إلى ما نسب إليه، فجاءت (ثم) بدلالته على التفاوت والترقي من خلق غريب إلى خلق آخر أشد غرابة محرزة ذلك. تأمل معي هذا السياق قال تعالى: (لو أراد الله أن يتخذ ولدًا لاصطفى مما يخلق ما يشاء سبحانه هو الله الواحد القهار. خلق السماوات والأرض بالحق يكور الليل على النهار ويكور النهار على الليل وسخر الشمس والقمر كل يجري لأجل مسمى الا هو العزيز الغفار. خلقكم من نفس واحدة ثم جعل منها زوجها وأنزل لكم من الأنعام ثمانية أزواج يخلقكم في بطون أمهاتكم خلقا من بعد خلق في ظلمات ثلاث ذلكم الله ربكم له الملك لا إله إلا هو فأنى تصرفون)[2] فهذه العجائب من خلق الله الناطقة بعظيم الصنعة والقدرة يتناغم معها حرف المهلة، بدلالته على التفاوت بين نوع من الخلق عظيم، هو إيجاد البشر من نفس واحدة، وبين خلق أعجب وأغرب لبعده عما جرت به العادة من

---

(١) محمد الأمين الخضري – من أسرار حروف العطف في الذكر الحكيم ٢١٩.

(٢) الزمر: آية (٤،٥،٦).

تناسل الناس وتكاثرهم، وهو خلق حواء من ضلع من خلق من تراب وذلك ما تفردت به آية الزمر.[1]

(ثم والفاء)

قال سيبويه في معرض التمييز بين الواو والفاء (والفاء وهي تضم الشيء إلى الشيء كما فعلت الواو، غير أنها تجعل ذلك منسقًا بعضه في إثر بعض، وذلك قولك: مررت بعمرو فزيد فخالد، وسقط المطر بمكان كذا وكذا فمكان كذا وكذا، وإنما يقرو أحدهما بعد الآخر)[2] وقال آخر (الفاء التي للعطف من شأنها أن يكون المعنى الذي اشترك فيه المعطوف والمعطوف عليه حاصلًا للمعطوف بعد حصوله للمعطوف عليه، بلا مهلة فصل، ويكون حصوله للثاني عقيب حصوله للأول، نحو قولك: زيد أتيك فمحدثك أي يحصل الحديث من قبله بعد إتيانه بلا فصل، ولا يجوز أن يكون الحديث الذي أخبرت به عنه حصل قبل الإتيان، ولا في الحال التي حصل فيها الإتيان، وإذا أردت أن تخبر عن شخص من الأشخاص بخبرين هما حاصلان له في حال واحدة لم يجز أن تعطف أحدهما على الآخر بالفاء، لأنهما حصلا في زمان واحد، والفاء توجب أن زمان أحدهما بعد زمان الآخر، فإن أدخلت الفاء فسد المعنى)[3]

____

(١) محمد الأمين الخضري – من أسرار حروف العطف في الذكر الحكيم ٢١٩.

(٢) سيبويه – الكتاب ٤/ ٢١٧.

(٣) السيرافي – شرح أبيات سيبويه ١/ ١٠٠.

ومما غاير فيه النظم الحكيم بين (ثم) و(الفاء) الآيات التي دعا فيها المولى عز وجل إلى السير في الأرض للنظر في آثار الهالكين والاتعاظ بمصائرهم وما آلوا إليه، فعطف النظر على السير بالفاء في عشرة مواضع وعطف بحرف التراخي مرة واحدة في القرآن كله.

الأنماط: -

{فسيروا في الأرض فانظروا كيف كان عاقبة المكذبين} [1]

{أفلم يسيروا في الأرض فينظروا كيف كان عاقبة الذين من قبلهم} [2]

{قل سيروا في الأرض فانظروا كيف كان عاقبة المجرمين} [3]

{قل سيروا في الأرض فانظروا كيف كان عاقبة الذين من قبل} [4]

{قل سيروا في الأرض ثم انظروا كيف كان عاقبة المكذبين} [5]

التحليل: -

جعل بعضهم حرف التعقيب دليلًا على الإخلاص في السير لأجل النظر، وحرف المهلة دليلًا على الانشغال بأعمال أخرى، فإن (قلت) أي فرق بين قوله: (فانظروا) وبين قوله: (ثم انظروا) قلت: جعل النظر مسببًا عن السير

---

(١) آل عمران: آية (١٣٧) والنحل: آية (٣٦).

(٢) يوسف: آية (١٠٩) وغافر: آية (٨٢) ومحمد: آية (١٠).

(٣) الروم: آية (٩) وفاطر: آية (٤٤) وغافر: آية (٢١).

(٤) الروم: آية (٤٢).

(٥) الأنعام: آية (١١).

في قوله: (فانظروا) فكأنه قال: سيروا لأجل النظر ولا تسيروا سير الغافلين وأما قوله: {سيروا في الأرض ثم انظروا} فمعناه إباحة السير في الأرض للتجارة وغيرها من المنافع وإيجاب النظر في آثار الهالكين ونبه على ذلك بـ(ثم) لتباعد ما بين الواجب والمباح.[1] وهذا التوجيه لم يبين سر اختصاص آية الأنعام بـ(ثم) ولم كان السير فيها وحدها سير إباحة دون سائر المواضع؟ مما حدا بأبي حيان إلى الاعتراض عليه قائلًا: (ودعوى أن الفاء تكون سببية لا دليل عليها وإنما معناها التعقيب فقط وأما مثل ضربت زيدا فبكى، وزني ماعز فرجم. فالتسبيب فهم من مضمون الجملة لأن الفاء موضوعة له وإنما يفيد تعقيب الضرب بالبكاء وتعقيب الزنا بالرجم فقط، وعلى تسليم أن الفاء تفيد التسبيب فلم كان السير هنا سير إباحة وفي غيره سير واجب، فيحتاج ذلك إلى فرق بين هذا الموضع وبين تلك المواضع)[2]. ويبدو أن صاحب الإنصاف لم يرقه هو الآخر توجيه الزمخشري فعلق عليه قائلًا: (وأظهر من هذا التأويل أن يجعل الأمر بالسير في المكانين واحدًا ليكون ذلك سببًا في النظر فحيث دخلت (الفاء) فلإظهار السببية وحيث دخلت (ثم) فللتنبيه على أن النظر هو المقصود من السير وأن السير وسيلة إليه لا غير. وشتان بين المقصود والوسيلة)[3]

---

(١) الزمخشري - الكاشف ٢/ ٥.

(٢) أبو حيان - البحر المحيط ٤/ ٤٤٦.

(٣) أحمد بن المنير الإسكندري - الإنصاف بحاشية الكاشف ٢/ ٥.

وصاحب الإنصاف هنا يجعل (ثم) للتراخي الرتبي. ولكن يبقى السؤال قائمًا لماذا خصت آية الأنعام بجعل النظر هو المقصود والسير وسيلة إليه؟

وهناك من حمل (ثم) على حقيقتها وذهب يبحث عن سر تراخي النظر في آية الأنعام دون مثيلاتها. ومن هؤلاء البقاعي حيث يرى أن السبب في الأنعام هو سياقها وهو للتهديد. والإمهال في مقام التهديد أدل عليه يقول: (ولما كان السياق للتهديد بالتحذير من مثل أخذ الأمم الماضية وكان قد سلف أنه لا تقدم لهم عن آجالهم، أمهلهم في النظر فإنه أقوى في التهديد وأدل على القدرة وأدعى إلى النصفة ولا سيما والسورة من أوائل القرآن نزولًا وأوائله ترتيبًا.

فقال: (ثم انظروا) ... أي أمعنوا النظر وبالغوا في التفكير وأطيلوا التدير إذا رأيتم آثار المعذبين لأجل تكذيب الرسل.[1]

وما ذهب إليه محل تأمل فإن عامة الآيات التي ورد فيها العطف بالفاء كانت في سياق التهديد والتحذير مما أصاب الأمم السابقة ولا أدل على ذلك من قوله تعالى: (قد خلت من قبلكم سنن فسيروا في الأرض فانظروا كيف كان عاقبة المكذبين)[2]، وفي النحل مسبقها قوله تعالى: (قد مكر الذين من قبلهم فأتى الله بنيانهم من القواعد فخر عليهم السقف من فوقهم وأتاهم العذاب

---

(١) البقاعي - نظم الدرر ٢/ ٥٩٣.

(٢) آل عمران: آية (١٣٧).

من حيث لا يشعرون)[١]، وكذلك سبقها قوله تعالى: (كذلك فعل الذين من قبلهم وما ظلمهم الله ولكن كانوا أنفسهم يظلمون فأصابهم سيئات ما عملوا وحاق بهم ما كانوا به يستهزئون)[٢]، وفي الحج قوله تعالى: {أفلم يسيروا في الأرض فتكون لهم قلوب يعقلون بها أو آذان يسمعون بها.. الآية}[٣]، فجاءت بـ(الفاء) مع أنها في سياق التهديد والتحذير من مثل ما أصاب الأولين فإن قبلها {وإن يكذبوك فقد كذبت قبلهم قوم نوح وعاد وثمود وقوم إبراهيم وقوم لوط وأصحاب مدين وكذب موسى فأمليت للكافرين ثم أخذتهم فكيف كان نكير}. وغير هذه الآيات كثير، جاءت في سياق التهديد والتحذير مما أصاب الأمم السابقة وكان العطف في كل ذلك بـ(الفاء)، وكشف الإسكافي في عبارة غاية في الدقة والوضوح سر تراخي النظم في آية الأنعام دون شبيهاتها في القرآن كله يقول: فقوله في سورة الأنعام {قل سيروا في الأرض ثم انظروا}[٤] لم يجعل النظر فيه واقعًا عقيب السير متعلقًا وجوده بوجوده، لأنه بعث على سير بعد سير لما تقدم من الآية التي تدل على أنه تعالى حداهم على استقراء البلاد ومنازل أهل الفساد، وأن يستكثروا من ذلك ليروا أثرًا بعد أثر في ديار بعد ديار قد عم أهلها بدمار لقوله تعالى: (ألم يروا كم أهلكنا من قبلهم من قرن مكناهم في الأرض ما لم نمكن لكم) ثم قال تعالى: {فأهلكناهم بذنوبهم وأنشأنا من بعدهم فردًا

---

(١) النحل: آية (٢٦).

(٢) النحل: آية (٣٣ و٣٤).

(٣) الحج: آية (٤٦) الحج: آية (٤٢ و٤٣ و٤٤).

(٤) الأنعام: آية (٦).

آخرين}[1] ثم ذكر في قوله: {كم أهلكنا من قبلهم من قرن}[2] يعني قرونًا كثيرة من قبلهم أهلكناهم ثم قال: (وأنشأنا من بعدهم قرنا آخرين)، فدعا إلى العلم بذلك، بالسير في البلاد ومشاهدة هذه الآثار وفي ذلك ذهاب أزمنة كثيرة ومدد طويلة تمنع النظر من ملاصقة السير، كما قال في المواضع الآخر التي دخلتها وسائر الأماكن التي دخلتها الفاء علق فيها وقوع النظر بوقوع السير لأنه لم يتقدم الآية ما يحدوا على السير الذي حدا عليه فيما قبل هذه الآية فلذلك خصت بـ(ثم) التي تفيد القاء تراخي المهلة بين الفعلين،[3] ومما غاير فيه النظم أيضًا بين (ثم) و(الفاء) ما يلي: -

الأنماط: -

{ومن أظلم ممن ذكر بآيات ربه فأعرض عنها ونسى ما قدمت يداه إنا جعلنا على قلوبهم أكنة أن يفقهوه وفي آذانهم وقرًا وإن تدعهم إلى الهدى فلن يهتدوا إذًا أبدًا}[4]

{ومن أظلم ممن ذكر بآيات ربه ثم أعرض عنها إنا من المجرمين منتقمون}[5]

---

(١) الأنعام: آية (٦).

(٢) الأنعام: آية (٦).

(٣) الإسكافي – درة التنزيل ٨١، ٨٢.

(٤) الكهف: آية (٥٧).

(٥) السجدة: آية (٢٢).

التحليل :-

في الآيتين تذكير بآيات الله وإعراض عنها ولكن هذا الإعراض عطف في آية الكهف بـ(الفاء) وفي آية السجدة بـ(ثم) ولم نجد خلافًا أن الإعراض عطف بالفاء في آية الكهف لوقوعه عقب التذكير والسرعة إعراض المعرضين، وإنما كان الخلاف في سر العطف بـ(ثم) في آية السجدة، وانقسموا إلى فريقين: فريق ألبس (ثم) ثوب المجاز وجعلها للاستبعاد، وفريق أجرى (ثم) على حقيقتها فهي للتراخي، ولنبسط القول

ذهب الزمخشري[1] والأوسي[2] إلى أن ثم في آية السجدة للاستبعاد فلإعراض عن مثل آيات الله في وضوحها وإنارتها وإرشادها إلى سواء السبيل وسعادة الدارين أمر مستبعد في العقل.

وقد نقل أبو حيان كلام الزمخشري عن (ثم) في آية السجدة وأنها للاستبعاد ولم يعلق عليه[3]، فكأنه ارتضاه معنى لحرف المهلة في حين أنه في مواضع آخر لم يرتض منه ذلك وذهب إلى الاستبعاد مفهوم من مضمون الكلام يقول في تفسير قوله تعالى {ثم قست قلوبكم من بعد ذلك فهي كالحجارة أو أشد قسوة}[4]. قال الزمخشري معنى (ثم قست) استبعاد القسوة بعد ذكر ما

---

(١) الزمخشري - الكاشف ٣/ ٢٢٣.

(٢) الألوسي - روح المعاني ٢١/ ١٣٦.

(٣) أبو حيان - البحر الوسيط ٨/ ٤٣٩، ٤٤٠.

(٤) البقرة: آية (٧٤).

يوجب لين القلوب ورقتها ونحو {ثم أنتم تمترون} انتهى وهو يذكر عنه أن العطف بـ(ثم) يقتضي الاستبعاد ولذلك قيل عنه في قوله تعالى: {ثم الذين كفرو برهم يعدلون}[1] وهذا الاستبعاد ولذلك قيل عنه قوله تعالى: (ثم الذين كفروا بربهم يعدلون) وهذا الاستبعاد لا يستفاد من العطف بـ(ثم) وإنما يستفاد من مجيء هذه الجمل ووقوعها بعد ما تقدم مما لا يقتضي وقوعها)[2]

وقال أيضًا عند تفسير قوله تعالى: (ثم الذين كفروا بربهم يعدلون) – بعد أن ذكر رأي ابن عطية والزمخشري في معنى (ثم).

(وهذا الذي ذهب إليه ابن عطية من أن (ثم) للتوبيخ والزمخشري من أن (ثم) للاستبعاد ليس بصحيح، لأن ثم لم توضع لذلك وإنما التوبيخ والاستبعاد مفهوم من سياق الكلام لا من مدلول ثم، ولا أعلم أحدًا من النحويين ذكر ذلك بل ثم هذه للمهلة في الزمان وهي عاطفة جملة اسمية على جملة اسمية)[3]

وعقب أحدهم على كلام أبي حيان قائلا: وقول أبي حيان إن (ثم) لم توضع لذلك كلام صحيح وإن لم يؤد إلى ما قصد إليه. ذلك أننا لا نقول ولا قال الزمخشري، وغيره ممن تابعوه وهم كثير إن دلالة ثم على الاستبعاد دلالة وضعية وإنما هي ضرب من التجوز بالبعد الزماني عن البعد المعنوي)[4]

---

(١) الأنعام: آية (١).

(٢) أبو حيان – البحر المحيط ١ / ٤٤٢.

(٣) المصدر السابق ٤ / ٤٣٠.

(٤) محمد الأمين الخضري – من أسرار حروف العطف في الذكر الحكيم ١٩٨.

وننتقل إلى الفريق الآخر وهذا الفريق جرد (ثم) من ثوب المجاز وأجراها على حقيقتها ذاهبين إلى أنها تفيد التراخي. يقول صاحب درة التنزيل في توجيهه لآيتي الكهف والسجدة: والجواب أن يقال: إن (الفاء) و(ثم) مشتركتان في أن ما بعدهما في اللفظ متأخر عما قبلهما في المعنى، مختلفان في أن (الفاء) قرب ما بعدها مما قبلها وفي (ثم) تراخيًا وبعدًا، فكان استعمال الفاء في سورة الكهف أولى واستعمال (ثم) هناك أحق وأخرى؛ وذلك أن ما في سورة الكهف في ذكر قوم يستدعون للإيمان ولم يختم أعمالهم بالكفر لقوله تعالى: (ويجادل الذين كفروا بالباطل ليدحضوا به الحق واتخذوا آياتي وما أنذروا هزوا) . فكأنهم أعقبوا التذكير بآيات الله الإعراض، وقبولهم للدين وإقبالهم عليه مرجوان منهم، وليس كذلك قوله: (ثم أعرض عنها) الآية في وصف الكفار بعد موافاتهم القيامة لقوله تعالى: ولو ترى إذ المجرمون ناكسو رؤوسهم عند ربهم إلى قوله: : (ولنذيقنهم من العذاب الأدنى دون العذاب الأكبر لعلهم يرجعون ومن أظلم ممن ذكر بآيات ربه ثم أعرض عنها)[1] "أي ذكر مدة عمره بآيات ربه وتطاول الأمر بزجره ووعظه ثم ختم ذلك بترك القبول والإعراض فكان هذا قولًا يقال فيهم عند الانتقام منهم كما حكى في قوله: (ربنا أبصرنا وسمعنا فارجعنا نعمل صالحًا أنا موقنون)[2] وإلى ذلك

---

[1] السجدة: آية (٢١).

[2] الإسكافي - درة التنزيل ص ٢٠٥.

أيضًا ذهب الكرماني[1] والأنصاري[2]. وهذا الذي ذهبوا إليه فيه نظر فتأمل قوله إن ما في سورة الكهف في ذكر قوم يستدعون إلى الإيمان ولم يُختم أعمالهم بالكفر ليظهر لك أنهم أقرب إلى الإيمان منهم إلى الكفر ولو قصد الكافرين لختم لهم بالكفر، إذا فهو يقصد غير الكافرين الذين ماتوا على كفرهم وإذا كان هذا مراده. ثم يعبر عنهم بقوله تعالى: (ويجادل الذين كفروا بالباطل ليدحضوا به الحق واتخذوا آياتي وما أنذروا هزوا)[3] فهؤلاء هم الذين تابوا وبدلوا من بعد السوء حسنى.

ثم إن قوله: (إنا جعلنا على قلوبهم أكنة أن يفقهوه وفي آذانهم وقرًا)[4] يدل على استمرار إعراضهم ونسيانهم ما قدمت أيديهم، ثم تأتي قاصمة الظهر وهي قوله تعالى بعد ذلك

(وإن تدعهم إلى الهدى فلن يهتدوا إذا أبدًا)[5]. فهل يصلح مع هذا القول أن يقال نزلت في قوم يستدعون إلى الإيمان ولم يعلم أصالهم بقصر أو يقال: وقبولهم الدين والياهم عليه مرجوان عليم؟!

---

(1) الكرماني - أسرار التكرار ص ١٩٩، ١٧٠.

(2) زكريا الأنصاري - فتح الرحمن ص ٤٠٠، ٤٠١.

(3) الكهف: آية (٥٦).

(4) الكهف: آية (٥٧).

(5) الكهف آية (٥٧).

ومما يدلك على أن الأولين في وصف الكافر عظيم الكفر شديده أن هذا التعبير (ومن أظلم) ورد كثيرًا في القرآن على معنى الكفر لا غير لم إن قوله: (ومن أظلم) يمنع احتمال قبول الدين والإقبال عليه لأنه بلغ أقصى الظلم والله بورده عليه مستنكرًا إياه فالمحل محل ثم بلا المال، وكذلك الإعراض عن الآيات والذكر لا يأتي إلا وصفًا للخاسرين الذين كتب عليهم السقوة كقوله: (وقد أتيناك من لدنا ذكرًا، من أعرض عنه فإنه يحمل يوم القيامة وزرًا، خالدين فيه وداء لهم يوم القيامة حملًا)[1]، وقوله تعالى: (ومن أعرض عن ذكري فإن له معيشة ضنكا واحشره يوم القيامة أسمى)[2] وقوله تعالى: (فلما نجاكم إلى البر أعرضتم وكان الإنسان كثيرًا)[3]، وقوله تعالى: (ومن يعرض من ذكر ربه يسلكه عذابًا صعدًا)[4] وقوله تعالى: {وإن يروا آية يعرضوا ويقولوا سحر مستمر} ..وأما قوله عن آية السجدة إنها في وصف الكفار بعد موافاتهم القيامة، فيه نظر فلو تأمل قوله تعالى قبل ذلك: (ولنذيقنهم من العذاب الأدنى دون العذاب الأكبر لعلهم يرجعون)[5] لما قال ما قال، فإن قوله: (ولنذيقنهم من العذاب الأدنى)[6] لا يقع إلا في الدنيا

---

(١) طه: آية (٩٩)

(٢) طه : آية (١٢٤).

(٣) الإسراء: آية (١٧).

(٤) الجن – الآية ١٧.

(٥) السجدة – الآية ٢١.

(٦) السجدة – الآية ٢١.

قال ابن عباس: (يعني بالعذاب الأدنى مصائب الدنيا وأسقامها وآفاتها وما يحل بأهلها مما يبتلي الله به عباده ليتوبوا إليه وروى مثله عن أبي بن كعب وأبي العالية والحسن وإبراهيم النخعي والضحاك وعلامة وصلبة ومجاهد وقتادة وعبد الكريم الجزري)[1] وتأمل قوله تعالى: (لعلهم يرجعون) وهل يكون ذلك إلا وهم في الدنيا وهل يصح مع ذلك قوله عن آية السجدة أنها في وصف الحفار بعد موافاتهم القيامة؟!

وهناك من ذكر المعنيين المجازي والحقيقي لـ (ثم) ولكنه استحسن إجراءها على حقيقتها يقول: (ولما بلغت هذه الآيات من الوضوح أقصى الغايات فكان الإعراض عنها مستبعدًا بعده، عبر عنه بأداة البعد لذلك فقال: (ثم أعرض عنها) ضد ما عمله الذين لم يتمالكوا أن خروا سجدًا، ويجوز وهو أحسن. أن يكون (ثم) على بابها للتراخي ليكون المعنى أن من وقع له التذكير بها في وقت ما، فأخذ يتأمل فيها ثم أعرض عنها بعد ذلك ولو بألف عام فهو أظلم الظالمين)[2]

وفيما ذهب إليه نظر فقوله: فقال (ثم أعرض عنها) ضد ما عمله الذين لم يتمالكوا أن خروا سجدا، يقال بل الذي قيل فيه: (فأعرض عنها) هو أحق بهذه الضدية، لأنه لم يتمالك أن ذكر فأعرض مسرعًا كما أنهم لم يتمالكوا أن ذكروا فخروا سجدًا.

---

[1] ابن كثير تفسير القرآن العظيم ٣/ ٤٦٢.

[2] البقاعي - نظم الدرر ٦/ ٦١.

فهو أظلم وقوله (ويجوز - وهو أحسن - أن يكون ثم على بابها للتراخي الظالمين) فعلى القول بما يقول يكون الأول ذكر بآيات ربه - هذه واحدة - فأعرض - وهي الثانية - أما الثاني فذكر - فهذه واحدة - ثم تأمل - وهذه الثانية - فأعرض فيصبح أمره على ثلاث مراحل إحداهن مأمولة الأثر في ذاتها وهي مرحلة التأمل. فعلى هذا يكون أخف ظلمًا من الأول، أضف إلى ذلك أنه لم يذكر في آية السجدة غير الإعراض بينما ذكر في آية الكهف قوله: (ونسي ما قدمت يداه) [1]

هذا بالنسبة لما وقع منه، وأما بالنسبة لما وقع عليه فلم يكن في السجدة إلا قوله: (إنا من المجرمين منتقمون)[2] أما في الكهف فأعظم بيانًا من ذلك حيث قال (إنا جعلنا على قلوبهم أكنة أن يفقهوه وفي آذانهم وقرًا وإن تدعهم إلى الهدى فلن يهتدوا إذا أبدًا، بل لهم موعد لن يجدوا من دونه موئلًا. وتلك القرى أهلكناهم لما ظلموا وجعلنا لمهلكهم موعدا) [3]

وبذلك يتبين من أوجه أن آية السجدة أحق بالتخفيف - لو قلنا به - من آية الكهف.

ولعل الصواب أن (ثم) هنا لا تفيد التراخي الزمني إنما تفيد العطف بفاصلة البيان لوقوع الكلام على منزلتين متتاليتين استحسن معها الفصل بأداة

---

[1] الكهف: آية (٥٧).

[2] السجدة: آية (٢٢).

[3] الكهف: آية (٥٧، ٥٨، ٥٩).

عاطفة تحمل معنى الفصل لأن (ثم) للتراخي وهو موافق للفصل. وكأنه تعالى يقول: خلقناه سويًا وجعلناه سميعًا بصيرًا وأنزلنا إليه الرسول وجعلنا معه الكتاب ثم هو بعد ذلك يعرض عن آياتنا ويكذب رسولنا كما قال تعالى (ولقد جاءتهم رسلنا بالبينات ثم إن كثيرًا منهم بعد ذلك في الأرض لمسرفون)[1]. وكقوله تعالى: (الحمد لله الذي خلق السماوات والأرض وجعل الظلمات والنور ثم الذين كفروا بربهم يكفرون)[2] فكان استخدام (ثم) في مثل تلك المواطن أشهى من استخدام غيرها للحاجة إلى تصوير الفصل بين نعمة الله وكفران العبد، والفاء أولى بالوصل لتبرز معنى الإسراع في الكفر، و(ثم) في بالفصل ليتمثل لنا البيان منزلتين.

وقد جاءت (ثم) متخلية عن هذا التراخي الزمني مفيدة الفصل ليتمثل لنا البيان منزلتين في كلام العرب. يقول الخصفي المحاربي:

لَنَا العِزَّةُ القَعْسَاء تَختَطِم العِدى   بها ثُمَّ نَسْتَعْصِي بها أَن نُخطِمَا[3]

ويقول زهير:

أولى لكُم ثُمَّ أُولَى أَنْ يُصِيبَكُم   مني نَواقِرُ لا تُبْقِي ولا تَذَرُ[4]

___

(١) المائدة – الآية ٣٢.

(٢) الأنعام: آية (١).

(٣) المفضل الضبي – المفضليات ص ٣٢٠.

(٤) الإمام أبو العباس أحمد بن يحيى بن ثعلب – شرح ديوان زهير ص ٣٠٧.

فقد جاءت (ثم) هنا للفصل بين تهديدين ليظهرهما كالنوعين المختلفين أو هو من باب مزيد التأكيد.

ويقول آخر:

سَلْ عَنْ شَجَاعَتِهِ وَزُرْهُ سَالِمًا   وَحَذَارِ ثُمَّ حَذَارِ مِنْهُ مُحَارِبًا [1]

ف (ثم) هنا لم تأت للعطف ولا للتراخي ولكنها تفيد الفصل ليتنزل التحذير منزلتين، الأول غير الآخر.

فالمعنى بـ(الفاء) في قوله تعالى: (ومن أظلم ممن ذكر بآيات ربه فأعرض عنها)[2]، ومن أظلم من هذا الذي يسارع في الإعراض ويبادر إلى التكذيب، ويكون المعنى بـ(ثم)، من أظلم من هذا الذي قابل النعمة بالجحود، والإرشاد منا بالإعراض منه. ٥٧/٨٢ إدراك أنه ليس من البليغ ولا من الصواب القول بتأبيد جريان الحرف وغيره على أصل وضعه. ثم إن المعنى إذا احتمل التراخي في هذا الموطن اختل؛ لأن المراد في لآيتين جميعًا وما أشبهها تصور أعظم ما يقع من الظلم وهذا لا يناسبه حكاية التروي منه بعد الذكرى لأن هذا فعل منه وهو في الحقيقة من التأمل المحمود والثاني المرجوة عاقبته، الله تعالى: (أفلم يدبروا القول) فهذا إذا قيل له أفلا لا تتدبر القرآن سيقول قد تدبرته أما أصحاب الفاء فإنهم سرعان ما أعرضوا وكفروا وهذا هو وصفهم الذي لا يأتي القرآن بغيره.

---

(١) المتنبي - الديوان ١ / ١٢٦.

(٢) الكهف : آية (٥٧).

وبما غاير فيه النظم أيضًا بين (ثم) و(الفاء) ما يلي:

الأنماط:

(أذلك خير نزلًا أم شجرة الزقوم، إنا جعلناها فتنة للظالمين، إنها شجرة تخرج في أصل الجحيم، طلعها كأنه رؤوس الشياطين، فإنهم لآكلون منها فمالئون منها البطون، ثم إن لهم عليها لشوبًا من حميم)

(ثم إنكم أيها الضالون المكذبون، لآكلون من شجر من زقوم فمالئون منها البطون، فشاربون عليه من الحميم فشاربون شرب الهيم)

التحليل: -

المأكول منه في الموضعين واحد وهو شجرة الزقوم. وفي الموضعين أنهم يأكلون حتى تمتلئ بطونهم، لكن عطف الشرب على الأكل في الموضع الأول بـ(ثم) وفي الموضع الثاني بـ(الفاء). ذكر أحدهم لـ (ثم) وجهين والسر في الوجه الأول زيادة تعذيبهم بالعطش وفي الثاني التدريج في التعذيب والارتقاء إلى ما هو أشد وأفظع يقول في بيان الوجهين، أحدهما: أنهم يملكون البطون من شجر الزقوم وهو حار يحرق بطونهم ويعطشهم فلا يسقون إلا بعد ملي. تعذيبًا بذلك العطش ثم يسقون ما هو أحر وهو الشراب المشوب بالحميم. والثاني أنه ذكر الطعام بتلك الكراهية والبشاعة ثم ذكر الشراب بما هو أكره وأبشع فجاء بـ(ثم) للدلالة على تراخي حال الشراب عن حال الطعام ومباينة صفته لصفته في الزيادة عليه. [1]

---

(١) الزمخشري - الكشاف ٣/ ٣٠٢.

وحمل صاحب البحر هو الآخر (ثم) في آية الصافات على التراخي الزمني يقول: (ولما كان الأكل يتعقبه ملء البطن كان العطف بـ(الفاء) في قوله: (فمالئون) ولما كان الشرب يكثر تراخيه عن الأكل، أتى بلفظ (ثم) المقتضية المهلة. ولما امتلأت بطونهم من ثمر الشجرة وهو حار أحرق بطونهم وعطشهم فأخر سقيهم زمانا ليزدادوا بالعطش عذابا إلى عذابهم ثم سقوا ما أحر وألم وأكره)[1]

ولكن هذا الذي ذهبوا إليه من أن (ثم) في آية الصافات التراخى الزمنى يأباه ما جاء في آية الواقعة معطوفًا بـ(الفاء) مما جعل الألوسي يقول: وأعترض بآباءه عطف الشرب بالفاء في قوله تعالى: (فمالئون منها البطون فشاربون عليه من الحميم) فلابد من عدم توسط زمان. وأجب بأنه يجوز أن يكون الشراب الممزوج بالحميم متأخرًا بزمان عن ملئهم البطون، دون شرب الحميم وحده وكذا يجوز أن يكون الحال مختلفًا فتارة يتأخر الشرب مطلقًا زمانًا وأخرى لا يتأخر كذلك، وقال بعضهم ملؤهم البطون أمر ممتد فباعتبار ابتدائه بـ(ألقاء)[2]

وهناك من ذهب إلى سبب اختلاف العاطفين اختلاف السياقين فكل سياق استدعى الحرف الذي ذكر فيه فالحديث في سورة الصافات (كان منصبًا على شجرة الزقوم والتهويل من شأنها وتفظيع الأكل منها بدليل أن الحديث بدأ

---

(١) أبو الحيان – البحر المحيط ١٠٧/٩، وانظر نظم الدور – البقاعى ٣١٦/٦.

(٢) الأوسي – روح المعانى ٩٦/٢٣.

بالتساؤل عنها، وبيان أوصافها بما يبعث الرعب والفزع من شكلها ومأكلها وحفلت بشتى وسائل التوكيد والإيضاح حتى بدت وكأنها أفظع ما في الجحيم من ألوان العذاب ألا ترى إلى قوله (إنا جعلناها) وما فيه من ضمائر المعظم ذاته إلى ما فيه من التوكيد، وقوله: (إنها شجرة) بما يبثه ضمير القصة مع التوكيد والتنكير من غرابة وغموض مخيفين ثم هذا التشبيه الغريب المدهش (طلعها كأنه رؤوس الشياطين) فلما كان الغرض هو تفظيع هذه الشجرة والتهويل من شأن الأكل منها إطالة زمن الأكل منها هي الأنسب بهذا الغرض وكأنهم كلما آلمهم الأكل منها واشتد بهم العطش ليطفئوا من نارها في بطونهم زيدوا من الأكل منها تشديدًا في العذاب عليهم، بخلاف السياق في آية الواقعة حيث كان الغرض أن يجمع للضالين بين ألوان من العذاب متمثلة في شر المأكل والمشرب ويولغ هناك في الشرب بدليل تكرار فدخلت (الفاء) للترقى من عذاب شديد فيما يأكلون إلى عذاب أشد فيما يشربون)[1]

ويرى الباحث أنت قوله (فلما كان الغرض هو تفظيع هذه الشجرة والتهويل من شأن الأكل منها كانت إطالة زمن الأكل منها هي الأنسب بهذا الغرض) فيه نظر حيث يقال: قد عبر القرآن حينما تكلم عن زمن الأكل بحرف (الفاء) فقال: فإنهم لآكلون منها البطون وعلى رسمه كان الأنسب فإنهم لآكلون منها ثم إنهم لمالئون منها البطون وإنما يعرف زمن الأكل عند المخاطب بحساب

---

(١) محمد الأمين الخضري - من أسرار حروف العطف في الذكر الحكيم من ٢٨٣.

بين ابتدائه الأكل منها وإنتهائه الذي يكون عند ملء البطن فهذا الزمن عبر عنه بـ(الفاء) وهو بخلاف ما يترنم به.

أما قوله: ثم إن لهم لشوبًا من حميم فعطف بـ(ثم) للإرادة الفصل بغية الانتقال إلى نوع آخر من العذاب، فإن (الفاء) لا تصلح لهذا حيث لايصلح أن يقال فإنهم لآكلون منها فمالئون منها البطون عليها لشوبًا من حميم، والذي يدلك عليه قولة: فمالئون منها البطون والسامع إنما يقع له بالامتلاء إطالة زمن الأكل مع كثرته، وزيادة على ذلك عدم إمكان الزيادة يقال: قد أكلت حتى ما أجد له مسلكًا.

ولذلك عبر في أختها بقوله تعالى: {فمالئون منها البطون فشاربون عليه من حميم} وهذه تدل على أنه ليس بعد ملء البطون طعام لأنه عبر بعدها بـ(الفاء) ففي الموضعين ترى أن الذي يدل على إطالة زمن الأكل قوله تعالى: {فمالئون منها البطون} وقد روى الإمام مسلم عن إبي هريرة (إن ضرس الكافر مثل أحد وغلظ جلدة مسيرة ثلاث)[1] مما يدلك على عظم بطنه وتبقين لديك أنه حتى يملأها سيستغرق زمنا مديدًا.

ولو فرق بين الآيتين بما فرق لمغايرة حرف العطف هنا أخاه هناك لسلبنا قوله تعالى: {فمالئون منها البطون} معنى طول زمن الأكل وهو ما يدل عليه قوله:

---

(١) مسلم – كتاب الجنة وصفة نعيمها وأهلها باب النار يدخلها الجبارون والجنة يدخلها وانظر صحيح الجامع – الألباني ١١٢٩/٢.

(بخلاف السياق في آية الواقعة حيث كان الغرض أن يجمع للضالين بين ألوان من العذاب) فإنه ظاهر في إثبات خلاف إحداهما للأخرى.

ويمكن أن يقال: أطال زمن الأكل بهما فعبر عنه بملء البطن وأكده بـ(ثم) ويكون المعنى في (الفاء) متابعة الشرب للأكل بغير فاصل متصور من راحة ونحوها فإن قولك: أكلت فشربت ماء يمنع من وجوده فترة بين الأكل والشرب أما قولك: أكلت ثم جلست ساعة ثم شربت فجاءت (ثم) لتؤكد إطالة زمن الأكل وجاءت (الفاء) لتفي مظنة الراحة بين الأكل والشرب فالتقى الحرفان لتتميم المعنى وإيضاحه وهو أولى من ضرب المعنى التام بهما منفصلين.

وما غير فيه أيضًا بين (الفاء) و(ثم) في مشابهة النظم ما عطف فيه الإثبات بالعمل على الرجوع إلى الله بـ(الفاء) في جميع ما جاء في القرآن عدا موضعًا واحدًا عطف فيه بحرف المهلة:

ـ الأنماط:

{إلى الله مرجعكم جميعًا فينبئكم بما كنتم تعملون}[1]

{متاع الحياة الدنيا ثم إلينا مرجعكم فينبئكم بما كنتم تعملون}[2]

{ثم إلى مرجعكم فأنبئكم بما كنتم تعملون}[3]

---

[1] المائده: آية (١٠٥).

[2] يونس: آية (٢٣).

[3] لقمان: آية (١٥).

{ولا تزر وازرة وزر أخرى ثم إلى مرجعكم فينبئكم بما كنتم تعملون}[1]

{وهو الذي يتوفاكم بالليل ويعلم ما جرحتم بالنهار ثم يبعثكم فيه لينقضي أجل مسمى ثم إليه مرجعكم ثم ينبئكم بما كنتم تعملون}[2]

التحليل :

مما نجدر الإشارة إليه أن عطف الأنباء بالعمل على الرجوع إلى الله بـ(ثم) في الأنعام دون سائر مواضع القرآن التي عطف فيها بـ(الفاء) لم يعترض له أحد من أصحاب كتب المتشابهات أو كتب التفسير — فيما تيسر لي الإطلاع عليه مما جعل أحدهم يقول: (وقد تطلبت تفسيرًا للمخالفة في سورة الأنعام التي انفردت بحرف التراخى فلم أعثر على ضالتي في كل ما قرأت ولم يقرنه أحد بموضع من مواضع بـ(الفاء) لتسجلي سر المغايره)[3]

ثم ذهب إلى أن السر في هذه المخالفة يرجع إلى أن الرجوع إلى الله في كل المواضع المتشابهة مع آية الأنعام المراد به إلقاء الله للمجازه على العمل. وإنباء الله المجازين بعملهم ضرب من المحاسبة يعقب الرجوع إلى يوم القيامه كقوله تعالى: (فوجد الله عنده فوفاه حسابه) فدخلت (الفاء) للدلالة على أن الحساب يعقب الرجوع إلى الله دون تراخ. أما آية الأنعام فإن الرجوع إلى الله فيها المراد به الموت. لأن الآية رد على منكري البعث وفيها ضرب الله

---

(١) الزمر: آية (٧).

(٢) الأنعام: آية (٦٠).

(٣) محمد الأمين الخضرى — من أسرار حروف العطف في الذكرى الحكيم صـ ٢٨٤.

المثل للأمانة ولإحياء في شخص المذكر نفسه وفيما يتكرر عليه صباح مساء فالرجوع إلى الله المراد به الموت، ووقع الأنباء بالعمل كتابة عن المجازاة فكان ذلك موقع حرف المهلة لما بين الموت والمجازاة يوم القيامة من زمن طويل ممتد، فالتراخي على حقيقته وذلك موضعة الذي لا يصلح فيه سواء [1] وفيما ذهب إليه نظر فقد قال ابن كثير : {ثم إليه مرجعكم} أى يوم القيامة {ثم ينبئكم} أى يخبركم. [2] وهذا هو المعروف المعهود من نصوص الكتاب ويقال إن الموطن الذي لا تجد فيه سواك موطن موحش مقفر وخاصة إذا تبين لك أن جادة القرآن على خلافه فقد ورد في القرآن في أكثر من عشرة مواضع منه {ثم إليه مرجعكم فينبئكم} وما أشبهها على إرادة الرجوع يوم القيامة ولا تجد موطنًا واحدًا يعبر عن الموت بالرجوع صراحة قال تعالى {الذين يظنون أنهم ملاقو ربهم وأنهم إليه راجعون} [3] وقال تعالى {أفحسبتم أنما خلقناكم عبثًا وأنكم إلينا لا ترجعون} [4] فهو يقصد رجوع الأخرون لا الموت فإنهم لا يشكون فيه {ويوم يرجعون إليه فينبئهم بما عملوا} [5] {وظنوا أنهم إلينا لا يرجعون} [6] {وتقطعوا أمرهم بينهم كل إلينا راجعون} [7]

---

(١) المصدر السابق ص ٢٨٤، ٢٨٥ (بتصرف).

(٢) ابن كثير – تفسير القرآن العظيم ١٣١/٢.

(٣) البقرة: آية (٤٦).

(٤) المؤمنون: آية (١١٥).

(٥) النور: آية (٦٤).

(٦) القصص: آية (٣٩).

(٧) الانبياء: آية (٩٣).

{الله يبدأ الخلق ثم يعيده ثم إليه ترجعون}[1] {وعنده علم الساعة وإليه ترجعون}[2] {من عمل صالحًا فلنفسه ومن أساء فعليها ثم إلى ربكم ترجعون}[3] {إن إلى ربك الرجعى}[4] {إنه على رجعه لقادر}[5]

فإنا نرى أن لفظ (الرجوع) وما في صورته كـ (الرجعى) و(والرجع) و(يرجعون) و(ترجعون) إنما يرد على معنى البعث وتأمل قوله تعالى: {ربنا أبصرنا سمعنا فأرجعنا نعمل صالحًا}[6]

جعلوا الرجوع إلى الدنيا مقابل الرجوع إلى الله وكذا قوله: {حتى إذا جاء أحدهم الموت قال رب ارجعون}[7] وقوله {ولئن رجعت إلى ربي إن لى عنده الحسنى}[8]

{إذا متنا وكنا ترابًا ذلك رجع بعيد}[9] فهذا الرجوع في كلام الكافرون يعنون به رجوع الآخرة لا الموت.

___

(١) الروم: آية (١١).

(٢) الزخرف: آية (٨٥).

(٣) الجاثية: آية (١٥).

(٤) العلق: آية (٨).

(٥) الطارق: آية (٨).

(٦) السجده آية (١٢).

(٧) المؤمنون آية (٩٩).

(٨) فصلت آية (٥٠).

(٩) ق آية (٣).

ثم إنك تجد القرآن وقد فرق بين الموت والرجوع ولم يسم الموت رجوعًا، لأن مباحث القرآن في الرجوع الأخرون للحساب وهو الذي يعنيه ويعني الأخرون، أما الرجوع الموت فليس برجوع مقصود للتباحث حيث إن الناس قاطبة مؤمنهم وكافرهم يؤمنون به.

ولنتأمل هذه الآيات لتعلم كيف أن القرآن فرق بين الرجوع والموت يقول تعالى: {كيف تكفرون بالله وكنتم أمواتًا فأحياكم ثم يحييكم ثم إليه ترجعون}[1] {هو يحيي ويميت وإليه ترجعون}[2] {كل نفس ذائقة الموت ثم إلينا ترجعون}[3] {الله يبدئ الخلق ثم يعيده ثم إليه ترجعون}[4] {والموتى يبعثهم الله ثم إلينا يرجعون}[5] وقال أيضًا سبحانه:

{فإما نرينك بعض الذي نعدهم أو نتوفينك فإلينا يرجعون}[6] وقال تعالى {إذا متنا وكنا ترابًا ذلك رجع بعيد} ففرق بين الموت والرجوع إليه فعلم اختصاص كل اسم بما يخصه.

---

(١) البقرة آية (٢٨).

(٢) يونس: آية (٥٦).

(٣) العنكبوت آية (٥٧).

(٤) الروم آية (١١).

(٥) الأنعام: آية (٣٦).

(٦) غافر: (٧٧).

(الواو والفاء)

الأنماط: -

{وقلنا يا آدم اسكن أنت وزجك الجنة وكلا منها رغدًا حيث شئتما}[1]

{ويا آدم اسكن أنت وزوجك الجنة فكلا من حيث شئتما}[2] -

التحليل: -

عطف الأكل على السكنى في البقرة بالواو فقال تعالى (وكلا) وعطف في الأعراف بالفاء فقال (فكلا) وقد ذهب جماعة إلى أن اختلاف العاطف إنما يرجع إلى اختلاف المقصود من (اسكن)، فالمقصود من (اسكن) في آية البقرة السكون الذي معناه الإقامة وطول اللبث فلم يصح إلا الواو لأن المعنى جمع بين الإقامة والأكل من ثمارها. أما الذي في الأعراف فمن السكنى التي معناها اتخاذ الموضع مسكنًا فكانت الفاء أولى في هذا الموضع لأن اتخاذ المسكن لا يستدعي زمانًا ممتدًا.[3]

وهذا الذي ذهبوا إليه فيه نظر فقولهم: إن اسكن في الأعراف ليس المقصود منها المقام واللبث. دعوى بغير دليل ومخالف لما هو مقطوع به يقينًا مما

---

[1] البقرة: آية (٣٥).

[2] الأعراف: آية (١٩).

[3] انظر درة التنزيل -الإسكافي ص (٦، ٥)، أسرار التكرار -الكرماني ص (٧١، ٧٠)، فتح الرحمن زكريا الأنصاري ص ١٥٢، غرائب القرآن ورغائب الفرقان -النيسابوري ٢١٤/١.

هو معلوم من كتب التفسير، تأمل قول أحدهم عن آية الأعراف {اسكن أنت وزوجك الجنة} (هو من السكن الذي هو عبارة عن اللبث والاستقرار والإقامة لا من السكون الذي هو ضد الحركة)[1] وقال آخر (أي وقلنا يا آدم اسكن أنت وزوجك الجنة كما هو نص التعبير ينفي صورة البقرة)[2]

وهناك من ذهب إلى أن عطف الأكل على السكنى في سورة البقرة إنما جاء بالواو لعدم قصد الترتيب وإنما قصد منها مجرد إخبار وإعلام الرسول – صلى الله عليه وسلم – بما جرى في قصة آدم – عليه السلام – وابتداء خلقه، وأمر الملائكة بالسجود له، وإباء إبليس – لعنه الله – أن يسجد لآدم، ثم ما أمر به آدم من سكنى الجنة: ولم يقصد غير التعريف بذلك من غير.

ترتيب مناسبه الواو: –

أما آية الأعراف فسياقها لتعداد نعم الله عز وجل على آدم – عليه السلام – هو وذريته فقد تقدمها قوله تعالى:

{ولقد مكناكم في الأرض وجعلنا لكم فيها معايش}[3] وتبعها ذكر الخلق والتصوير وأمر الملائكة بالسجود لآدم وذلك قوله تعالى: {ولقد خلقناكم ثم

---

(١) أبو السعود – إرشاد العقل السليم م ٢/ ج ٣ / ٢٢٠.

(٢) محمد رشيد رضا – تفسير المنار ٨/ ٣٠٧.

(٣) الأعراف: آية (١٠).

صورناكم لم قلنا للملائكة اسجدو لآدم فسجدوا إلا إبليس لم يكن من الساجدين}[1] فناسب ذلك الفاء المقتضية الترتيب[2]

وفيما ذهبوا إليه نظر فقولهم: إنه قد قصد الترتيب في آية الأعراف ولم يقصد ذلك في آية البقرة دعوى بغير دليل، وقولهم: إن آية الأعراف قصد فيها تعداد نعم الله على آدم – عليه السلام – وذريته. يقال وآية البقرة يمكن أن يقال فيها أيضًا ذلك. أليس من الأنعام على آدم – عليه السلام – قوله عز وجل للملائكة (إني جاعل في الأرض خليفة)[3]، أليس من الأنعام أن يعلم الله آدم الأسماء كلها.

وذهب آخر إلى أن السبب في المغايرة بين الواو والفاء اختلاف الخطابين المفتتح بهما الآيتان فآية البقرة افتتحها بقوله سبحانه: (وقلنا يا آدم) فلما نسب القول إليه سبحانه ناسب زيادة الإكرام فعطف بالواو الدالة على الجمع بين السكنى والأكل، وآية الأعراف مفتتحة بقوله تعالى: (ويا آدم) فأتى بالفاء الدالة على ترتيب الأكل على السكنى المأمور باتخاذها[4].. وهذا التوجيه أيضًا فيه نظر فالموضعان يتحدثان عن موقف واحد وحدث واحد لم يتكرر

---

(١) الأعراف: آية (١١).

(٢) انظر ملاك التأويل – ابن الزبير ١ / ١٨٧، ١٨٨، نظم الدرر – البقاعي ١ / ١٠٤ و ٣ / ١٦، محترك الأقران – السيوطي ٣ / ١٨٥.

(٣) البقرة: آية (٣٠).

(٤) ابن جماعة – كشف المعاني ص ٥٦.

والمستفاد من الموضعين شيء واحد، وهو أن الله قد أمر آدم بسكنى الجنة هو وزوجه، ذلك هو المفهوم سواء صدر هذا الأمر بقوله سبحانه (قلنا) أو لم يصدر بذلك.

ويمكن أن يقال في تحرير هذين الموضعين إن الواو جاءت على أحد محاملها وهو أن يكون الثاني بعد الأول. أو يقال إن الواو تفيد الجمع المطلق والفاء تفيد الجمع على سبيل التعقيب فالمفهوم من الفاء نوع داخل تحت المفهوم من الواو ولا منافاة بين النوع والجلس في سورة البقرة ذكر الجنس وفي سورة الأعراف ذكر النوع.

ومما غوير فيه أيضًا بين الواو والفاء ما يلي: ‑

الأنماط: ‑

{إن هذه أمتكم أمة واحدة وأنا ربكم فاعبدون وتقطعوا أمرهم بينهم}[1].

{وإن هذه أمتكم أمة واحدة وأنا ربكم فاتقون فتقطعوا أمرهم بينهم}[2].

التحليل: ‑

ذهب صاحب درة التنزيل إلى أن قوله تعالى: (وتقطعوا) إنما عطف بالواو لعدم تعلق ما بعد الواو بما قبلها تعلق الجواب بالابتداء بخلاف ما عطف بالفاء يقول: وقوله {وتقطعوا أمرهم} جاء بالواو لأنه لم يكن ما بعد الواو كالجواب لما قبلها كما كان ذلك في الفاء لأنه يجوز أن يكون تقطعهم أمرهم

---

(١) الأنبياء: آية (٩٢، ٩٣).

(٢) المؤمنون: آية (٥٢ ، ٥٣).

قبل أن خوطبوا بقوله (فاعبدون) فلا تصلح الفاء، ألا ترى أن تفرقهم فرقًا وتقطعهم أمرهم قطعًا... كان قبل إخبار الله جميع الأنبياء – صلوات الله عليهم وسلامه – أن هذه الأمم جماعة واحدة غير جماعة متفرقة، وهو الذي دعا إلى أن نبههم فقال: خالقكم واحد هو ربكم فاقصده بالعبادة دون من سواه. وإذا كان كذلك كان قوله: (وتقطعوا أمرهم بينهم) أي تقطعوا أمرهم قطعا وافترقوا فيه فرقًا غير متعلق بما قبله تعلق الجواب بالابتداء[1]

(وأما الفاء في سورة المؤمنون في قوله: (فتقطعوا) فلأنه ذكر الذين صار قوله (فتقطعوا) كالجواب لما قبله لأنهم قطعوا أمر دينهم كتبا منزلة من الله عز وجل اسمه فلما كان ما قبل الفاء خطابًا للرسل وأممهم، وقال كونوا جماعة واحدة ذات دين واحد، صار كأنه قال: أمرتهم بالائتلاف والاتفاق في الدين فتقطعوا أمرهم فيه قطعًا وافترقوا فيه فرقًا... فكلن ما بعد الفاء هنا في تعلقه بالأول تعلق الجواب بالمبتدأ)[2]، وإلى ذلك أيضًا ذهب الكرماني[3] وابن جماعة[4]، وزكريا الأنصاري[5].

الحقيقة إن هذا التفريق من الإسكافي ومن وافقوه غير الواقع في القرآن، وقوله:

---

(١) الإسكافي درة التنزيل ص ٢٢٠.

(٢) المصدر السابق ص ٢٢١، ٢٢٢.

(٣) الكرماني – أسرار التكرار ص ١٧٩.

(٤) ابن جماعة – كشف المعاني من ١٤٦.

(٥) زكريا الأنصاري – فتح الرحمن ص ٤٢٩.

(لأنه يجوز أن يكون تقطعهم أمرهم قبل أن خوطبوا بقوله فاعبدون) ينفيه قوله تعالى بعدها {فمن يعمل من الصالحات وهو مؤمن فلا كفران لسعيه وإنا له كاتبون}[1] فهذا دليل على أنهم تقطعوا أمرهم بعدما خوطبوا بقوله (فاعبدون) يقول: أمرناهم بالتوحيد فقطعوا أمر دينهم الواحد فليرجعن إلينا ولنحاسبنهم على ذلك فمن يعمل منهم من الصالحات وهو مؤمن فلا كفران لسعيه.

والذي يدل عليه أنه قبلها قص أمر المرسلين الذين أرسلهم للناس ليكون الدين واحدًا فذكر منهم موسى وهارون وإبراهيم ولوط وإسحق ويعقوب ونوح وداود وسليمان وأيوب وإسماعيل وإدريس ويونس وزكريا ثم قال: (إن هذه أمتكم أمة واحدة)[2] يعني دينكم دين واحد كما قال ابن عباس وغيره.. وكما قال النبي – صلى الله عليه وسلم – (أنا أولى الناس بعيسى بن مريم في الأولى والآخرة قالوا كيف يا رسول الله؟ قال: الأنبياء إخوة من علات، أمهاتهم شتى ودينهم واحد فليس بينا نبي)[3] ، ومع إرسال هؤلاء نبي معهم تبيانًا وجعل الدين واحدًا، فقد قطعوا أوصال الأمر الواحد وفرقوا بين رسل الله فليرجعن إلينا للحساب فمن أحسن فله الحسنى ومن أساء فله السوء. ثم إن تفرقهم وتقطيعهم أمر الدين من بعد إرسال الرسول وإنزال

---

(١) الأنبياء: آية (٩٤).

(٢) الأنبياء: آية (٩٢).

(٣) مسلم – كتاب الفضائل – باب فضائل عيسى

الكتاب والأمر بعبادة الله وحده هو المعهود من نصوص الكتاب كما قال تعالى: (وما اختلف الذين أوتوا الكتاب إلا من بعد ما جاءهم العلم بغيًا بينهم)[1] وقوله تعالى: (وأنزل معهم الكتاب بالحق ليحكم بين الناس فيما اختلفوا فيه وما اختلف فيه إلا الذين أوتوه من بعد ما جاءتهم البينات بغيًا بينهم)[2] وقوله تعالى: (وما أنزلنا عليك الكتاب إلا لتبين لهم الذي اختلفوا فيه)[3] وذهب صاحب نظم الدرر إلى أن آية الأنبياء عطفت بالواو دون الفاء لأن ترك العبادة ليس سببًا للتقطيع بل ربما كان سببًا للاجتماع على الضلال[4].. أما عن آية المؤمنون فقد قال: (ولما كان من المعلوم قطعا أن التقدير: فاتقى الأنبياء الله الذي أرسلهم وأرادوا جمعهم عليه)،

(ولما كان من المعلوم قطعًا أن التقدير: فاتقى الأنبياء الله الذي أرسلهم وأرادوا جمعهم عليه، عطف عليه بفاء السبب...)[5]

وهذا الذي ذهب إليه البقاعي محل تأمل إذ كيف لا يكون ترك العبادة سببًا للتقطيع؟ وهل وقع الناس فيما وقعوا فيه من شر إلا بسبب اختلافهم في دينهم كما قال النبي – صلى الله عليه وسلم –: (اتركوني ما تركتكم فإذا

---

(١) آل عمران – الآية ١٩.

(٢) البقرة: آية (٢١٣).

(٣) النحل: آية (٦٤).

(٤) البقاعي – نظم الدرر ٥/ ١١١.

(٥) المصدر السابق ٥/ ٢٠٧.

حدثتكم فخذوا عني فإنما هلك من كان قبلكم بكثرة سؤالهم واختلافهم على أنبيائهم)[1]

فتأمل هذا الحديث وتأمل ما يقوله البقاعي، وتأمل أيضًا قوله تعالى: {ولا تكونوا من المشركين من الذين فرقوا دينهم وكانوا شيعًا كل حزب بما لديهم فرحون}[2] وفي قراءة (من الذين فارقوا دينهم وكانوا شيعًا)[3]، فظهر أن ترك العبادة كان سببًا للتقطيع لا كما يقول البقاعي رحمه الله.

وقوله: (ترك العبادة) ليس تفسيرًا دقيقًا لمخالفتهم قوله (فاعبدون) فإن المخالفة للعبادة لها صور لا تحصى منها تركهم إياها ومنها إتيانهم الأمر على غير وجهه ومنها إظهارهم البدع والمنكرات باسم العبادة والدين.

ثم يقال (أيحكي الله عز وجل قصص أنبيائه الذين أرسلهم هداية للناس ويختم بقوله: إن هذه أمتكم أمة واحدة وأنا ربكم فاعبدون) ثم يتكلم عن أقوام اجتمعوا على الضلال فتقطعوا أمرهم بينهم. ما الفائدة من وراء هذا التأخير في البيان ألم يكن الأحرى أن يقول: كانوا على الضلال فتقطعوا أمرهم بينهم فأرسل الله الرسل ليجمعهم على الهدى؟ ثم يقال أيضًا متى تقطع أهل الضلال أمرهم بينهم؟ وفي أي زمان وقع هذا الذي حكاه الله؟ بل

---

(١) رواه البخاري ومسلم والنسائي وأحمد وابن ماجه والترمذي واللفظ له عن أبي هريرة. انظر السلسلة.

(٢) الصحيحة للألباني ٢/ ٤٣٠ الروم: آية (٣٢).

(٣) أبو شامة الدمشقي - إبراز المعاني من حرز الأماني ص ٤٦٩.

إن المشركين إنما كانوا يعيبون رسول الله – صلى الله عليه وسلم – بأنه جاء وأمرهم واحد ففرق جماعتهم وقطع أرحامهم.

ويرى بعضهم أن آية الأنبياء سبقها آيات فيها تأنيس للرسول – صلى الله عليه وسلم – فهي تحكي أحوال الأمم السابقة مع أنبيائهم وكيف أنه سبحانه كان قد بين لهم الحق ومع ذلك يكفرون. وفي ذلك تأنيس للرسول – صلى الله عليه وسلم – كما قلنا وعلى هذا المنهج جرى.

قوله: (وتقطعوا أمرهم)[1] فبرغم أنه سبحانه وضح لهم أمر من سبقهم وعاقبة الاستجابة لمن تمسك بهدي المذكورين فهم على عنادهم وافتراقهم. ورغم ذلك لم يشب الكلام شدة الوعيد ليبقى رجاؤه – عليه السلام – في استجابتهم وذلك تأنيسًا له – عليه السلام – وقد ذكر أيضًا سبحانه من قصص الأنبياء أوضحه وأجلاه لمن اعتبر، وأورد ذلك إيراد التلطف تخليص أولئك العلية عليهم السلام. وفي ذلك أيضًا تأنيس له – عليه السلام – فناسب ذلك أن تأتي الآية بالواو.

أما آية المؤمنون فهي مع ما قبلها في قوة أن لو قيل لهم: (قد بين لكم واطلعتم على مال من كذب وخوطبتم بها قيل للرسل كلوا من الطيبات واعملوا صالحا وملة الكل ملة واحدة، ولم تؤمروا بها لا تطيقونه، فتقطعتم. إلا أن الكلام صرف إلى الغيبة على طريقة الالتفات، كما جرى في سورة الأنبياء

---

(١) الأنبياء: آية (٩٣).

فقيل: (فتقطعوا أمرهم) أي فتفرقوا وما أجدى عليهم القرآن شيئًا، فهذه الآية أشد في التخويف والترهيب من الأخرى، وكل يناسب ما قبله[1]

ومن ذلك أيضًا

الأنماط: -

(فلا تعجبك أموالهم ولا أولادهم إنما يريد الله ليعذبهم بها في الحياة الدنيا)[2]

(ولا تعجبك أموالهم وأولادهم إنما يريد الله أن يعذبهم بها في الدنيا)[3]

التحليل: -

ذهب جمع من العلماء إلى أن الآية الأولى سبقها قوله تعالى: (ولا يأتون الصلاة إلا وهم كسالى ولا ينفقون إلا وهم كارهون)[4] (وهذه الأفعال التي في الآية مستقبلة تتضمن معنى الشرط فناسبها الفاء التي تتضمن معنى الجزاء. فكأنه سبحانه يقول: إن اتصفوا بذلك فلا **تعجبك أموالهم.**

أما الآية الأخرى فالأفعال التي قبلها ماضية كقوله تعالى: (إنهم كفروا بالله ورسوله وماتوا وهم فاسقون)[5] وهذه الأفعال بمضيها لا تكون شرطًا

---

(١) ابن الزبير – ملاك التأويل ٢ / ٨٥٢، ٨٥٣ وانظر – معترك الأقرآن – السيوطي ٣ / ٧٥.

(٢) التوبة: آية (٥٥).

(٣) التوبة: آية (٥٨).

(٤) التوبة: آية (٥٤ـ٦٨).

(٥) التوبة: آية (٨٤).

ولا يقع من الميت فعل. فعطفت بالواو لبطلان المعنى الذي يقتضي الفاء[1].

وقولهم: هذه الأفعال بمضيها لا تكون شرطًا (يقال قضيتكم ليست في التي هي نص في الشرط بل في التي تتضمن معنى الشرطية وبينهما فرق، ويتسهل في المتضمنة ما لا يتسهل في التي هي نص فيه؛ لأن دلالة المتضمنة في المعنى لا اللفظ. أما الأخرى ففيهما معا).

ثم إن قولهم: وهذه الأفعال بمضيها لا تكون شرطًا فإنه لا يقع منهم فعل إلا أنهم كفروا بالله ورسوله. ورأيتكم قد جعلتم هذا بعينه في الآية الأخرى صالحًا للشرط فكيف ذلك. ثم ما يمنع أن تكون الأفعال الماضية شرطًا. ألا يصح أن يقال: إذا كفروا بالله ورسوله وماتوا كافرين فلا تصل على أحد منهم أبدا. كما قلت: إن اتصفوا بذلك فلا تعجبك أموالهم. وهذا كله بالنظر إلى العبارة ذاتها أما تحريره فصحيح.

---

[1] انظر درة التنزيل - الإسكافي ص ١٤٧، ١٤٨، أسرار التكرار - الكرماني ص ١٣٤، ١٣٥، كشف المعاني - ابن جماعة ١١٤، ١١٥، ملاك التأويل - ابن الزبير ١/ ٥٩٣ - ٥٩٥، فتح الرحمن - زكريا الأنصاري من ٣١٤، البحر المحيط - أبو حيان ٥/ ٤٧٨، لباب التأويل - الخازن م ٢/ ج ٣/ ١٣٣.
روح المعاني الألوسي ١٠/ ١٥٥، تفسير المنار - محمد رشيد رضا ٩/ ١١٨.

ومما غوير فيه أيضًا بين الواو والفاء ما يلي : -

الأنماط : -

{وعجبوا أن جاءهم منذر منهم وقال الكافرون هذا ساحر كذاب}[1]

{بل عجبوا أن جاءهم منذر منهم فقال الكافرون هذا شيء عجيب}[2]

التحليل : -

ذهب بعضهم إلى أن ما في (ق) متصل بما قبله معنى ولفظًا وهو أنهم عجبوا فقالوا هذا شيء عجيب فكان آخر الكلام راجعًا إلى أوله وذلك لأن قولهم: (هذا شيء عجيب) من مقتضىٰ (بل عجبوا) فناسب ذلك الفاء، وليس كذلك ما في (ص) فهم قد عجبوا من مجيء المنذر وقالوا هذا المنذر ساحر كذاب، فاتصالها بما قبلها معنوي لا غير إذ لم يكن قولهم: (هذا ساحر كذاب) من مقتضىٰ (عجبوا)[3]

وهذا الذي ذهبوا إليه فيه نظر فقولهم: إذ لم يكن قولهم (هذا ساحر كذاب) من مقتضى (عجبوا) كما كان قولهم: (هذا شيء عجيب) غفلة عن قوله تعالى

---

(١) ص آية (٤).

(٢) ق آية (٢).

(٣) انظر الإسكافي - درة التنزيل ص ٢٨٥، الكرماني - أسرار التكرار ص ٢١٦، ابن جماعة - كشف المعاني ص ١٧٤، زكريا الأنصاري - فتح الرحمن ص ٥١٨، ٥١٩، نظم الدرر - البقاعي ٧/ ٢٤٧، ٦/ ٣٦٢.

بعدها (أجعل الآلهة إلهًا واحدًا إن هذا لشيء عجاب)[1] وهو أيضًا اختزال للمعنى باختزال العبارة فإنهم قالوا هذا ساحر كذاب أجعل الآلهة إلهًا واحدًا إن هذا لشيء عجاب، بل إن المتأمل للذي في (ص) من بعد الواو يجده أوضح أن يكون من مقتضيات (عجبوا) عما في (ق)، وذلك أن الذي في (ق) هو قولهم حسب (أإذا متنا وكنا ترابًا ذلك رجع بعيد)[2]. أما (ص) ففيها قولهم: (هذا ساحر كذاب) وهو من مقتضيات تعجبهم منه رسولًا. يقولون كيف يكون الساحر الكذاب مبعوثًا من عند الله؟ أليس في هذا ما يدعو إلى التعجب؟ وفيها أيضًا قولهم: (أجعل الآلهة إلهًا واحدًا) وقولهم: (أأنزل عليه الذكر من بيننا)[3] فكان رجوع آخر الكلام في (ص) إلى أوله أبين منه في (ق) خلافا لما ذهبوا إليه.

وهناك من ذهب إلى أن آية (ص) وردت مورد الإخبار بمرتكبات من أفعال كفار العرب وأقوالهم فناسب أن تأتي تلك الجمل منسوقة بعضها ببعض فأخبر تعالى أنهم (في عزة وشقاق)[4] وأنهم عجبوا أن جاءهم منذر منهم وأنهم رموه بالسحر والكذب [5] لو تعجبوا من جعل الآلهة إلهًا واحدًا[6].

---

(١) ص: آية (٥).

(٢) ق: آية (٣).

(٣) ص: آية (٨).

(٤) ص: آية (٢).

(٥) ص: آية (٤).

(٦) ص: آية (٥).

وأنهم تمالؤوا على قولهم: (أن امشوا واصبروا على آلهتكم)[1] وأنهم قالوا ما سمعنا بهذا في الملة الآخرة أي في ملة عيسى - عليه السلام - وتحريمهم على الإفصاح بمرتكب النصارى في التثليث، وأنهم أقرب الملل إليهم وآخر من تقدمهم وهم مثلثون، فكيف تجعل أنت الآلهة إلهًا واحدًا إن هذا لشيء عجاب، فجعلوا ما جاء به اختلافًا وتقولًا، إلى ما ارتكبوه من هذا فلما قصد هذا الإخبار بجملة مرتكباتهم جاءت منسوقًا بعضها على بعض بالواو التي لا تقتضي ترتيبًا ولا تعقيبًا.

أما آية (ق) فقد قصد فيها سبحانه وتعالى التعريف بتعجبهم من البعث الأخروي واستبعادهم إياه. بدليل أنه أقام الدليل عليهم باعتبار خلق السماوات وتزيينها بالنجوم، ومد الأرض وإرسائها بالجبال وإخراج أصناف النبات وإنزال الماء من السماء. إلى غير ذلك ثم قال: (كذلك الخروج) فلما كان قولهم: (هذا شيء عجيب) مبنيًا على ما جاءهم به عيسى - عليه السلام - وأعلمهم بالبعث بعد الموت جعل مجيئه عليه السلام - مخبرًا بذلك سببًا في تعجبهم فربط فيه بالفاء أي عجبوا من البعث بعد الموت فقالوا كذا فجيء لكل بما يحرزه[2].

---

(١) ص: آية (٦).

(٢) ابن الزبير - ملاك التأويل ٢/ ٩٦٤، ٩٦٥ وانظر معترك الأقران - للسيوطي ٣/ ١٠٣، ١٠٤.

وهذا كلام لا بأس به ولكن يمكن أيضًا أن يقال في تحرير هذين الموضعين إن أصل تعجبهم هو أن جاءهم منذر منهم وهذا أصل الربط وما يتلوه متفرع عليه فأصل الإعمال مجيء منذر منهم هذا هو الذي ولد العجب ثم تفرع عليه تقريره عندهم على صور فمن تلك الصور قولهم (أجعل الآلهة إلهًا واحدًا)[1] ومنها (أإذا متنا وكنا ترابا ذلك رجع بعيد)[2].

والقول بارتباط العجب بمجيء النذير منهم أدل على كفرهم من ارتباطه ببعض ما جاء به النذير ولكن لما تلازم مجيء النذير وما جاء به كفرهم ببعض ما جاء به كفرا به، وجله تصوير القرآن جامعًا بين هاتين المذمتين ليبين أنهم يكفرون بالرسالة أصلًا وفرعًا وجملة وتفصيلًا فهم يكفرون بمحمد صلى الله – عليه وسلم – وبما جاء به وقد يبغض الرجل لذاته ويحب لما يجيء به كما قيل[3].

أُحِبُّ أَيَا تَرَوَانٍ مِن أَجلِ تَمْرِهِ	وَأَعْلَمُ أَنَّ الجَارَ بِالجَارِ أَرْفَقِ
واللهِ لَوْلَا تَمْرُهُ مَا حَبَبْتَهُ	وَمَا كَانَ أَدْنَى مِنْ عَبِيدٍ وَمَشْرِقِ

وكقول متمم بن نويرة

فَوَاللهِ مَا أَسْقِى البِلاد لِحُبِّهَا	وَلَكِنَّنِي أَسْقِي الحَبِيبَ المُوَدَّعَا[4]

---

(١) ص: آية (٥).

(٢) ق: آية (٣).

(٣) ابن منظور – لسان العرب – مادة (حبب).

(٤) المفضل الضبي – المفضليات ص ٢٦٨.

ولكنهم كرهوه وأبغضوه رسولًا لذاته كما قال تعالى عنهم في سورة (ص) بعد ذكر تعجبهم (أأنزل عليه الذكر من بيننا)[1] وقالوا: (لولا نزل هذا القرآن على رجل من القريتين عظيم)[2] وقالوا: (ما لهذا الرسول يأكل الطعام ويمشي في الأسواق لولا أنزل عليه ملك فيكون معه نذيرا)[3] وقالوا: (مجنون وازدجر)[4] وكرهوه أيضًا لرسالته لأنه غير دينهم وعاب آلهتهم وتنقصهم وذمهم. فجاءت (ص) بعجبهم من الأصل والفرع كما جاءت (ق) وقدم في (ص)، ذكر المتعجب منه وهو قولهم: (أجعل الآلهة إلهًا واحدًا) ثم قالوا: (إن هذا لشيء عجاب)[5] وآخر في (ق) ذكر المتعجب منه وهو قولهم: (أإذا متنا وكنا ترابًا ذلك رجع بعيد) وقدم قوله: (هذا شيء عجيب) تفننا في العبارة ومراعاة للفواصل حيث إن ذلك في القرآن من أصوله المعجزة وتحديه الدامغ.

والحقيقة التي أريد أن أنبه عليها أنه ليس من مقتضيات المغايرة في اللفظ حتمية وجود التباين في المعنى وخاصة في المترادفات وأحرف العطف التي يقوم أحدها مقام الآخر، فها هنا مثلا لما غاير في العطف فذكر الواو في إحدى الآيتين والفاء في الأخرى لم يتعين وجوبًا إيجاد الفارق وخاصة إذا علم

---

(1) ص: آية (8).

(2) الزخرف: آية (31).

(3) الفرقان: آية (7).

(4) القمر: آية (9).

(5) ص: آية (9).

أن أحد الحرفين يقوم مقام الآخر في بعض صوره. تأمل قوله تعالى: (فوسوس لهما الشيطان ليبدي لهما ما ووري. عنهما من سوءاتهما وقال ما نهاكما ربكما عن هذه الشجرة إلا أن تكونا ملكين أو تكونا من الخالدين)[1] فالمعنى فوسوس لهما الشيطان فقال.

ومثله قوله تعالى: (وإذ زين لهم الشيطان أعمالهم وقال لا غالب لكم اليوم من الناس وإني جار لكم)[2]

الأنماط: -

(ولما جاء أمرنا نجينا هودًا والذين آمنوا معه)[3]

(ولما جاء أمرنا نجينا شعيبًا والذين آمنوا معه)[4]

(فلما جاء أمرنا نجينا صالحًا والذين آمنوا معه)[5]

(فلما جاء أمرنا جعلنا عاليها سافلها)[6]

التحليل:

هذه أربع آيات تصور الموقف الأخير من قصة أربعة أنبياء وهم هود وشعيب وصالح ولوط – عليهم السلام – اثنتان من هذه الآيات الأربع عطفتا بالواو واثنتان بالفاء. وللعلماء في توجيه ذلك رأيان.

---

(١) الأعراف: (٢٠).

(٢) الأنفال: آية (٤٨).

(٣) هود: آية (٥٨).

(٤) هود: آية (٩٤).

(٥) هود: آية (٦٦).

(٦) هود: آية (٨٢).

الأول: ذهب أصحابه إلى أن الآيتين اللتين عطفتا بالفاء سبقهما تخويف يقرب ما أو عدوا به ففي قصة صالح – عليه السلام – قال تعالى: (فقال تمتعوا في داركم ثلاثة أيام ذلك وعد غير مكذوب فلما جاء أمرنا نجينا صالحًا...)[1] وقال في قصة لوط: (إن موعدهم الصبح أليس الصبح بقريب. فلما جاء أمرنا جعلنا عاليها سافلها)[2] فالتقدير في الموضع الأول فلما انقضت الأيام الثلاثة جاء أمرنا، وفي الموضع الثاني فلما أصبح جاء أمرنا. فما ورد في هذين الموضعين يقتضي معناه أن يربط بالفاء المقتضية التعقيب وسرعة وقوع العذاب دون مهلة أو تراخ والدالة على اتصال الثاني بالأول. فالفاء هنا للتعقيب والسرعة أما الموضعان اللذان عطفا بالواو فلم يقع قبلهما شيء من ذلك بل المراد الجمع بين الخبرين دون ذكر ما يقلل الزمان بين الفعلين ولم يرد قبلهما ما يستدعي تعقيبًا فكان الموضع موضع الواو.[3]

الثاني: يرى أصحابه أن الفاء سببية يقول أحدهم: (فإن (قلت) ما بال ساقتي قصة عاد وقصة مدين جاءتا بالواو والساقتان الوسيطتان بالفاء

---

(١) هود: آية (٦٥، ٦٦).

(٢) هود: آية (٨١، ٨٢).

(٣) انظر الإسكافي – درة التنزيل ص ١٧٣، ١٧٤، الكرماني – أسرار التكرار ص ١٤٥، ابن الزبير – ملاك التأويل ٢/٦٥٦ – ٦٥٨، زكريا الأنصاري – فتح الرحمن ص ٣٤١، رشيد رضا – تفسير المنار ١٢/ ١٠٤.

(قلت) قد وقعت الوسيطتان بعد ذكر الوعد وذلك قوله (إن موعدهم الصبح)[1]

(ذلك وعد غير مكذوب)[2] فجيء بالفاء الذي هو للتسبيب كما تقول: وعدته فلما جاء الميعاد كان كيت وكيت وأما الأخريان فلم تفعا بتلك المثابة وإنما وقعتا مبتدأتين فكان حقهما أن تعطفا بحرف الجمع على ما قبلهما كما تعطف قصة على قصة)[3] وقد حكى ذلك أبو حيان في بحره[4].

ولا مانع أن تكون الفاء قد أفادت الأمرين مجتمعين. أي أنها جاءت لتشير إلى تعقيب وسرعة وقوع العذاب بعد انتهاء المدة التي أمهلوها وتشير أيضًا إلى تسبيه عن الوعيد المعين في كل آية.

---

(١) هود: آية (٨١).

(٢) هود: آية (٦٥).

(٣) الزمخشري – الكشاف ٢٣٢/٢، ٢٣٣ وانظر – كشف المعاني – ابن جماعة ١٢٣.

(٤) أبو حيان – البحر المحيط ٢٠٣/٦.

المبحث الرابع: حروف النفي

المبحث الرابع: حروف النفي

لا ولن

يقول صاحب الكتاب (.. وإذا قال هو يفعل ولم يكن الفعل واقعًا فنفيه لا يفعل. وإذا قال ليفعلن فنفيه لا يفعل، كأنه قال: والله ليفعلن فقلت والله لا يفعل. وإذا قال: سوف يفعل فإن نفيه لن يفعل)[1]. وقال في موضع آخر

(ولن أضرب نفي لقوله: سأضرب، كما أن لا تضرب نفي لقوله: اضرب)[2]

(وهما موضوعان لنفي الأزمنة المستقبلة فإن استعملا في غير الأزمنة فإنما يكون على جهة المجاز والاستعارة فيشتركان جميعًا في كونهما دالتين على النفي مطلقا، وفي كونهما لنفي الأزمنة المستقبلة وهذا لا يقع فيه خلاف بين أئمة الأدب من أهل اللغة والنحاة في وضعهما حقيقة لما ذكرناه وإنما يفترقان من جهة أن (لن) أكدا من (لا) في نفي المستقبل مطلقًا، قال الزمخشري فيما عمله في مفصله و(لن) للنفي لتأكيد ما يعطيه (لا) من نفي المستقبل، وأراد بما قاله أن (لن) في النفي مرشدة إلى التأكيد وأن نفيها أبلغ من نفي (لا) ولهذا جاءت على أنها معطية لما أعطته (لا) مع زيادة بلاغة في تلك الفائدة التي أدتها (لا)[3] ونفي ابن هشام عن (لن) تأكيد النفي وتأبيده حيث يقول:

---

(١) سيبويه - الكتاب ٣/ ١١٧.

(٢) المصدر السابق ١/ ١٣٥، ١٣٦.

(٣) يحيى بن حمزة العلوي - الطراز ص٣٠٢.

(ولا تفيد (لن) توكيد النفي خلافا للزمخشري في كشافه ولا تأبيده خلافًا له في نموذجه، وكلاهما دعوى بلا دليل، قيل: ولو كانت للتأبيد لم يقيد منفيها باليوم في فلن أكلم اليوم إنسيًا)[1]، ولكان ذكر الأبد في ولن يتمنوه أبدًا تكرارًا والأصل عدمه.[2]

ونفي ابن هشام عن (لن) معنى التأبيد مطلقًا فيه نظر فقد جاءت في الاستعمال القرآني في بعض الآيات مفيدة التأبيد مثل قوله تعالى: (فإن لم تفعلوا ولن تفعلوا)[3] وقال ابن كثير: (لن) لتأبيد النفي في المستقبل أي ولن تفعلوا ذلك أبدًا.[4] وقوله تعالى: (ومن يبتغ غير الإسلام دينا فلن يقبل منه وهو في الآخرة من الخاسرين)[5] فمعنى الآية أن الله لا يقبل دينا غير الإسلام منذ نزول هذه الآية إلى يوم القيامة. فقد أفادت (لن) هنا النفي المؤبد وقوله تعالى: (سنة الله التي قد خلت من قبل ولن تجد لسنة الله تبديلا)[6] فسنة الله لا تتغير أبدًا لا في حاضر ولا مستقبل.

---

(1) مريم: آية (٢٦).

(2) ابن هشام – مغني اللبيب ١/ ٢٨٤.

(3) البقرة: آية (٢٤).

(4) ابن كثير – تفسير القرآن العظيم ١/ ٦٣.

(5) آل عمران: آية (٨٥).

(6) الفتح: آية (٢٣).

وقال الخصفي المحاربي

أُولَئِكَ قَوْمِي إِنْ يَلُدْ بِبُيُوتِهِم   أَخُو حَدَثٍ يومًا فَلَنْ يُتَهَضَّمَا[١]:

فإن لم تفد (لن) هنا الأبدية لما كان ذلك موطنًا للفخر بقومه.

وكما أفادت (لن) التأبيد فكذلك (لا) كما في قوله تعالى: (لا تدركه الأبصار وهو. يدرك الأبصار وهو اللطيف الخبير)[٢] فهو سبحانه لا يدرك أبدًا وذلك عند من فسر الإدراك بالإحاطة[٣] وقوله تعالى: (وتوكل على الحي الذي لا يموت)[٤] وقوله تعالى: (لا تأخذه سنة ولا نوم)[٥] وقوله تعالى: (قل لكم ميعاد يوم لا تستأخرون عنه ساعة ولا تستقدمون)[٦] إلى غير ذلك من الآيات.

وقد ينتفي عن (لا) معنىٰ الأبدية في بعض المواضع مثل قوله تعالىٰ: (قالتا لا نسقي حتىٰ يصدر الرعاء)[٧] فالنفي هنا مؤقت بـ(حتىٰ يصدر الرعاء) وقوله تعالىٰ عـن يعني في الدنيا. وقال في آية أخرىٰ: اليهود

---

(١) المفضل الضبي - المفضليات ص ٣٢٠.

(٢) الأنعام: آية (١٠٣).

(٣) ابن كثير - تفسير القرآن العظيم ٢/ ١٦٧.

(٤) الفرقان: آية (٥٨).

(٥) البقرة: آية (٢٥٥).

(٦) سبأ: آية (٣٠).

(٧) القصص: آية (٢٣).

وتمنيهم الموت: (ولا يتمنونه أبدا ....) [1] وقالوا (يا مالك ليقض علينا ربك)[2]

والخلاصة أن (لا) و(لن) قد يفيدان التأبيد في بعض المواضع وقد لا يفيدانه في مواضع أخرى والفيصل في ذلك السياق. بل قد نفهم التأبيد بدون وجود (لا) و(لن).

يقول حاتم الطائي:

الْفَضَحُ جَارَتِي وَأَخُونُ جَارِي   مَعَاذَ اللَّهِ أَفْعَلُ مَا حَبِيتُ[3]

ويقول في موضع آخر:

فأقسمت لا أمشي إلى سر جارة   مَدَى الدَّهْرِ، مَا دَامَ الْحَمَامُ يُغَرِّدُ[4]

كان يمكن أن يكتفي بقوله مدى الدهر التي تفيد الأبدية ولكنه قال بعدها ما دام الحمام يغرد كأنه يقول: مدى الدهر أبدًا.

وكذا قول المزرد:

وأحسسها ما دام للزيت عاصر   وَمَا طَافَ فَوقَ الأَرْضِ حَافٍ وَناعِلُ[5]

---

(١) الجمعة: آية (٧).

(٢) الزخرف: آية (٧٧).

(٣) ديوان حاتم الطائي - ص ٣١.

(٤) المصدر السابق ص ٣٥.

(٥) المفضل الضبي - المفضليات ص ٩٨.

(أي أحبسها أبدًا عندي لا أبيعها ولا أهبها لضني بها)[1].

وقد غاير النظم الحكيم بين (لا) و(لن) في موضعين من مشتبه النظم وهما قوله تعالى في سورة البقرة: (قل إن كانت لكم الدار الآخرة عند الله خالصة من دون الناس فتمنوا الموت إن كنتم صادقين. ولن يتمنوه أبدًا بما قدمت أيديهم والله عليم بالظالمين)[2] وقوله تعالى في سورة الجمعة: (قل يا أيها الذين هادوا إن زعمتم أنكم أولياء الله من دون الناس فتمنوا الموت إن كنتم صادقين ولا يتمنونه أبدا بما قدمت أيديهم والله عليم بالظالمين)[3]

ذهب صاحب الكشاف إلى أنه لا فرق بين (لا) و(لن) في أن كل واحدة منهما نفي للمستقبل إلا أن في (لن) تأكيد وتشديد ليس في (لا) فأتى مرة بلفظ التأكيد (ولن يتمنوه)[4] ومرة بغير لفظه (ولا يتمنونه).

والزمخشري وإن كان قد ذهب إلى أن النفي بـ(لن) أبلغ من النفي بـ(لا) غير أنه لم يبين لنا سر اختصاص كل موضع بما ذكر فيه.

وقد حاول غيره ذلك. فقد ذهب أحدهم إلى أنه قد جاء بـ(لن) في آية البقرة لأنه قد لوحظ فيها معنى البلاغة من جهة أنه أكده بـ(لكم) على جهة الملك والاختصاص، ووصف الدار بكونها آخرة مبالغة في أمرها وإيضاحًا لشأنها

---

(١) المصدر السابق – هامش ص ٩٨.

(٢) البقرة: آية (٩٤، ٩٥).

(٣) الجمعة: آية (٧٠٦).

(٤) الزمخشري – الكشاف ٤ / ٩٧.

وقرره بقوله تعالى: (عند الله) إيضاحًا للأمر أيضًا، ثم قال تعالى: (خالصة) يعني مختصين بها دون غيركم وهكذا قوله تعالى: (من دون الناس) فيه نهاية الاختصاص. فلما اجتمع في هذه الآية كل هذه الأنواع من التوكيد ناسب أن ينفي بـ(لن) لما تفيده من المبالغة في النفي أكثر من (لا)[1] وهناك من يرى أن الآيتين مفتتحتان كل منهما بشرط علقت صحته بتمني الموت. ولكن الشرطين افترقا فافترق تبعًا لذلك ما يبطل تمني الموت المؤدي إلى بطلان شرطهم وجاء كل على ما يجب.

فالشرط في آية البقرة غاية ما يطلبه المطيع ولا مطلوب وراءه وهو أن لهم الدار الآخرة خالصة من دون غيرهم فليس بعد حصول الدار الآخرة خالصة لأمة من الأمم مقترح المقترح ولا مطلب لمطلب. فوجب أن يكون ما يبطل تمني الموت المؤدي إلىٰ بطلان شرطهم أقوي ما يستعمل في بابه وأبلغه في معنىٰ ما ينتفي شرطهم وكان ذلك بلفظ (لن) التي هي للقطع والبتات.

أما الشرط الذي في آية الجمعة وهو زعمهم أنهم أولياء الله من دون الناس ليس كالشرط الذي في آية البقرة، فليس هذا الشرط المطلوب الذي لا مطلوب وراءه لأنهم يطلبون بعد ذلك إذا صح لهم هذا الوصف دار الثواب فلما كان الشرط في هذا المكان قاصرًا عن الشرط في المكان الأول ولم تكن

---

(١) يحيى بن حمزة العلوي – الطراز ص ٣٠٢.

الدعوى دعوى غاية المطلوب، لم يحتج في نفيه وإبطاله إلى ما هو غاية في بابه فناسبه النفي بـ(لا).[1]

وهذا الرأي وسابقه يقومان على أن ما جاء في الشرط الذي في آية البقرة أبلغ مما جاء في الشرط الذي في آية الجمعة فجاء بـ(لن) التي تفيد – على حد قولهم – توكيد النفي أكثر من (لا) وهذا الذي ذهبوا إليه فيه نظر ولو سرنا سيرهم وتزينا بزيهم لخالفناهم فيما ذهبوا إليه فإن الدار الآخرة فرع على ولاية الله والتي هي أسمى الغايات وأكمل المرجوات والتي لها كان داب الصالحين وسعي الراشدين، فولاية الله هي الأصل الذي يخرج منه كل ما يصيب المؤمن من فضل في الدنيا والآخرة، أما الدار الآخرة فهي الجنة حسب.

فمن كان وليًا لله أصاب كل خير والذي منه الدار الآخرة ألم يقل الله سبحانه وتعالى عن أولياته: { لهم البشرى في الحياة الدنيا وفي الآخرة}[2] ألم يعدهم بالنصر على أعدائه والتمكين لهم في الأرض وإبدالهم من بعد خوفهم أمنًا وذلك قوله:

(وعد الله الذين آمنوا منكم وعملوا الصالحات ليستخلفنهم في الأرض كما استخلف الذين من قبلهم وليمكنن لهم دينهم الذي ارتضى لهم وليبدلنهم

___

[1] انظر الإسكافي – درة التنزيل ص ١٦، ١٧ والكرماني – أسرار التكرار ص ٧٦، ابن جماعة – كشف المعاني ص ٦٢، ٦٣، زكريا الأنصاري – فتح الرحمن ص ١٦٢، البحر المحيط – أبو حيان ١/ ٤٩٩.

[2] يونس: آية (٦٤).

من بعد خوفهم آمنا)[1] ألم يجعل لهم في الدنيا من المودة والرحمة بينهم والمحبة والأخوة ما صفي لهم به العيش وروح به عن النفس حتى قال قائلهم (إنه لتمر بي الساعة فأقول لو كان أهل الجنة في مثل ذلك إنهم لفي عيش طيب)[2] وقال الآخر (لو علم الملوك وأبناء الملوك ما نحن فيه لجالدونا عليه بالسيوف)[3] ألم يطمئن قلوبهم بذكره وينعم برضاه عليهم بشكره ألبسوا – وهم في الدنيا – يباهي بهم ملائكته ويذكرهم إذا ذكروه في ملأ خير منهم. ألم يكن منهم أفضل خلقه؟ ألم يكن منهم من اهتزّ له عرشه.[4]

ألم يكن منهم من يفرح – سبحانه – برجوعه وأوبته كل ذلك وأضعاف له لا تحصر لأولياء الله في الدنيا.

أما الدار الآخرة فليست إلا جزاء الولي على عمله فقد سبقها من فضل الله عليه ما هو أفضل منها وهو رضوان الله وحبه وتقريبه. وسل المحب عن محبوبه سيقول إياه أريد وإليه أسعى وسواه أقلو. فلو دفعوه إليه لما أمل فيما سواه، ولو عاش معه في خص لكان أهنأ العيش. فما بالك بالله وولايته وقربه – سبحانه – له المثل الأعلى في السماوات والأرض وهو العزيز الحكيم.

___

(١) النور: آية (٥٥).

(٢) ابن القيم – الجواب الكافي ص ١١٥.

(٣) المصدر السابق نفس الصفح هو سعد بن معاذ وفيه يقول رسول الله صلى الله عليه وسلم: (اهتر عرش الرحمن لموت سعد بن معاذ) متفق عليه في حديث جابر رواه البخاري – كتاب مناقب الأنصار – باب مناقب سعد بن معاذ وانظر صحيح.

(٤) الجامع الصغير – للألباني ١/ ٤٩٥.

ولذلك لا يعطي أهل الجنة عطاءً هو أحب إليهم من النظر إلى وجهه الكريم ويكون رضوانه عليهم هو أكبر مما أعطاهم من الجنة، وكل ذلك فرع على ولايته فتعالى بحكمته وتقدس بعظمته.

ولذلك تجده في الولاية يتكلم عن ذواتهم فيقول تعالى: { إن زعمتم أنكم} أما في الأخرى يتكلم عما هو لهم {قل إن كانت لكم الدار الآخرة} والذي يخصك في نفسك.

أبلغ وأعظم مما يخصك من جهة ملكك، وتجده أيضًا فوق هذا الشرف وهو ما يخصك – كما قدمنا – يذكر شرفًا هو أعظم من كل شرف وهو ولاية الله المقتضية محبته ورضاه ونصره في مقابلة شرف تمليك هو أدنى من ذلك بكثير.

وليس أدل على ما تقول مما رواه البخاري من حديث أبي هريرة عن النبي صلى الله عليه وسلم: (من عادى لي وليًا فقد آذنته بالحرب)[1] وكذا ما رواه أحمد الطبراني في الكبير عن عمرو بن العاص – رضي الله عنه (إن آل بني فلان ليسوا لي بأولياء إنما ولي الله وصالح المؤمنين)[2]-

وقولهم عن آية تجمعه: إنه قد جاء النفي بـ(لا) الدالة على مطلق النفي بغير مبالغة: يقال إن تأكيده لهذا النفي بقوله (أبدأ) بطل ما ذهبوا إليه من الخلاف

---

(١) البخاري – كتاب الرقاق – باب التواضع، وانظر سلسلة الاحاديث الصحيحه – الألباني ١٨٢/٤، ١٨٤.

(٢) الألباني – صحيح الجامع ٣١٧/١.

ولو كان هنا مراده التخفيف لعبر بـ(لا) لا غير ولما أكد بـ(أبدأ) التي أفادت التأييد وهو أعلى درجة في البلاغة.

وللعلامة ابن القيم كلام بديع فيما نحن بصدده خالف أصحاب الآراء السابقة فهو يرى أن النفي بـ(لا) أبلغ وأكد من النفي بـ(لن) يقول: (وتأمل حرف (لا) كيف تجدها. ما بعدها ألف يمتد بها الصوت ما لم يقطعه ضيق النفس فآذن امتداد لفظها بامتداد معناها، و(لن) بعكس ذلك، فتأمله فإنه معنى بديع) وانظر كيف جاء في أفصح الكلام كلام الله {ولا يتمونه أبدًا} بحرف (لا) في الموضع الذي اقترن به حرف الشرط بالفعل فصار من صيغ العموم فانسحب على جميع الأزمنة وهو ما قوله عز وجل: {إن زعمتم أنكم أولياء لله من دون الناس فتمنوا الموت} كأنه يقول: متىٰ زعمتم ذلك الوقت من الأوقات أو زمن من الأزمان، وقيل لهم تمنوا الموت فلا يتمونه أبدًا، وحرف الشرط دل علىٰ هذا المعنىٰ وحرف (لا) في الجواب بإزاء صيغة العموم لاتساع معنىٰ النفي فيها، وقال في سورة البقرة {ولن يتمنوه} فقصر من سعة النفي وقرب لأن قبله {قل إن كانت لكم الدار الآخرة} لأن (إن) و(كان) هنا ليست من صيغ العموم لأن (كان) ليست بجداله علىٰ حدث وإنما هي داخلة علىٰ المبتدأ، والخبر عبارة عن مضىٰ الزمان الذي كان فيه ذلك الحدث فكأنه يقول عز وجل: إن كان قد وجبت لكم الدار الآخرة وثبتت لكم في علم الله فتمنوا الموت الآن ثم قال في الجواب {ولن يتمنوه} فانتظم معنىٰ الجواب بمعنىٰ الخطاب في الآيتين جميعًا.

وتأمل قوله تعالى {لا تدركه الأبصار} [1] كيف نفى فعل الإدراك بـ(لا) الدالة على طول النفي ودوامة فإنه لا يدرك أبدًا وإن رآه المؤمنون فأبصارهم لا تدركه، تعالى عن أن يحيط به مخلوق وكيف نفي الرؤية بـ(لن) فقال: {لن تراني} [2] لأن النفي بها لا يتأيد وقد أكذبهم الله في قولهم بتأييد النفي بـ(لن) صريحًا بقوله {وقالوا يا مالك ليقبض علينا ربك} [3] فهذا تمني الموت فلو اقتضت (لن) دوام النفي تناقض الكلام)[4]

---

(١) الأنعام – الآية ١٠٣.

(٢) الأعراف – الآية ١٤٣.

(٣) الزخرف – الآية ٧٧.

(٤) ابن القيم: بدائع الفوائد، ج١، ص٩٦و٩٦.

المحتويات